Seelenficker

Natascha

10. Auflage Dezember 2017
Titelbild: Thomas van de Scheck
www.tvds.de

Lektorat: Franziska Köhler & Metalexis

ISBN: 978-3-86608-666-1

Ubooks
Neudorf 6
64756 Mossautal

www.ubooks.de
www.seelenficker.net

Man kann nie genug Pseudonyme haben!

Inhalt – was halt so drin ist

Aber wen interessiert schon, was drin ist, was in einem ist?

Nicht einmal mich selber interessiert es.

In mir drin steckt ein Kerl.

In mir drin kommt ein Kerl.

Warum sollte es jemanden interessieren, wie es in mir mir aussieht?

Kapitel 1 – Das Zippo

Es wäre schön, wenn die Welt nicht so wäre, wie sie nun einmal ist. Es wäre schön, wenn man die Augen zumachen und sich etwas ganz stark wünschen könnte, sodass es in Erfüllung geht. Doch die Wahrheit ist: Das Leben ist einfach nicht so. Das Leben ist anders.

Ich habe vor einigen Jahren aufgehört mich zu fragen, warum ausgerechnet ich? Nicht weil ich diese Frage nicht mehr stellen wollte, ich war erst abgelenkt, dann habe ich vergessen, danach zu fragen. Da war ich dreizehn, glaube ich.

Genau vor einem Jahr habe ich einen Abschiedsbrief geschrieben. Ich habe mich bemüht, den Brief in schöner Schrift zu schreiben, denn meine Mutter kann meine Schrift normalerweise nicht lesen.

Ich habe den Brief in der Küche auf den Tisch gelegt, dort hat sie ihn dann auch gefunden, aber sie dachte lediglich, eine Freundin hätte ihn mir gegeben. Es war ja nicht meine Schrift. So eine schöne Schrift hätte ich nicht. Dabei war es mir fast ernst an diesem Tag. Mittlerweile ist es mir immer häufiger ernst. Was für ein blödes Wort: ‹ernst›.

Ich wollte sterben. Ich will sterben.

Ich werde sterben, schneller als ihr alle.

Meine Mutter merkt solche Dinge einfach nicht. Eigentlich bemerkt sie nie etwas. Mit einer Ausnahme: Wenn das Geld mal wieder knapp wird, scheuert sie mir eine und brüllt mich an. Sagt, dass ich eine fette, hässliche, teure und ungewollte ~~Fotze~~ Göre bin, die ihr die Haare vom Kopf frisst und die ihren geliebten Ehemann vergrault hat. Das passiert zum Beispiel beim Abendessen oder wenn ich versuche klarzukommen.

Aber ich glaube, sie hat nicht ganz Unrecht. Was bin ich schon? Ich bin doch eine fette, hässliche und ungewollte Fotze. Sie weiß das, schließlich ist sie meine Mutti. *Moje Maminka*

Nur teuer bin ich nicht. Hohe Preise sind nicht drin. Aber ich weiß auch ohne sie, dass ich fett und hässlich bin. Und eine dumme *Fotze* sowieso, war ich schon immer.

Das sagen alle, die ich kenne. Und die, die es nicht sagen, bezahlen mich auch schlecht ... was dann genau das Gleiche ist. Ich meine, wenn ich nicht fett und hässlich wäre, dann müssten mir die Typen doch mehr Geld geben, weil die dann sagen: Hey, die ist süß und schlank und sexy. Der gebe ich mehr!

Ich muss mich anders hinlegen, meine Schulter fühlt sich komisch an. Es könnten Schmerzen sein. Ich weiß es nicht, denn ich bin auf Crystal. Da spürt man keine Schmerzen – fast.

Tut es doch weh?

Schmerzen sind nicht gut. Nein, Schmerzen sind nicht gut. Wenn ich die Präsidentin der Welt wäre, ich würde Schmerzen verbieten. Keine Schmerzen mehr auf dieser Welt, nie wieder! Schmerzen tun weh, da muss man weinen. Ich muss auch gleich weinen, wenn ich so liegen bleibe. Aber ihm ist es egal. Er hört nicht auf mich.

Scheiße. *Ach nichts!*

Ich bin eine Heulsuse, eine dumme, kleine Schlampe und eine blöde Kuh, die immer gleich heult.

Oh Mist, jetzt geht es los. Die Nase läuft schon und gleich muss ich den Rotz hochziehen. Dann hört er, dass ich flenne.

Ich kann nichts dagegen tun, die Tränen laufen einfach so über mein Gesicht und verschmieren mein Make-up. Ich trage

MAMINKA

nicht viel Make-up, denn das macht alt und das senkt den Preis noch mehr. Wer will schon eine vögeln, die so alt aussieht wie die Trulla, die man daheim hat?

Also trage ich fast keins, nur um die Augen rum, das macht schöne, große Augen. Und jetzt läuft die Farbe über mein Gesicht.

Ich höre mich selber schluchzen und denke: Du dumme Schlampe! Halt die Klappe! Du willst professionell sein? Du willst heute Geld verdienen?

Das ewige Rumgeheule ist kindisch, aber schlecht kindisch! Und wenn er es merkt, gibt es noch weniger Geld.

Ich beiße die Zähne zusammen. Gerne hätte ich mir übers Gesicht gewischt, aber meine Hände sind auf dem Rücken gefesselt. Handschellen. Das macht ihn an. Dabei ist die Hundestellung gar nicht so schlecht. Ich muss die Kerle nicht ansehen. Ich kann meine Augen zumachen und versuchen, ganz weit weg zu sein bei meiner Droge. So ist das Anschaffen am erträglichsten: Nicht zu fühlen, was draußen los ist, einfach nur mit der Droge tanzen und irgendwann wieder was nehmen. So rede ich es mir ein. Eigentlich kannst du den Trip nicht wirklich genießen, wenn du anschaffen gehst. Aber es hilft. Drogen machen es erträglich, manchmal ist es sogar okay. Aber «tanzen» klingt schöner.

Ich weiß, dass [illegible] ich nachher Schmerzen haben werde, denn er ist viel zu groß!

Zu viel will er in mich pressen.

Das wird brennen.

Ich werde nachher auf dem Klo sitzen und jammern, weil es wehtut. Nachher, wenn die Drogen nachlassen. Aber ich habe noch genug. Die Schmerzen gehen also wieder weg und

Ich mag ZUCKERWATTE,

denke ich

es bleibt nur dieses irre Gefühl, als würde es im ganzen Körper umsonst Zuckerwatte geben und als würde die Zuckerwatte mich von innen kitzeln. Dann gibt es nur die Drogen und mich. Und die Drogen nehmen mich an der Hand und führen mich fort vom Schmerz.

Wenn ich mal einen richtigen Freund haben sollte, möchte ich mit ihm und meinem Kind über den Jahrmarkt gehen. Und mein Freund wird sagen: «Möchtest du Zuckerwatte?» Und ich werde wunderschön sein und ihn anlächeln und sagen: «Gerne! Aber nur, wenn wir teilen.» Dann wird er mich küssen. Und wir werden lachen und Spaß haben. So wie die anderen auch.

Ihm macht es Spaß. Er hat gesagt, er mag es eng.

Und ich bin eng.

Das ist eigentlich auch kein Wunder. Ich meine, ich bin 153 cm klein und wiege 37 Kilo. Da ist man einfach eng! Aber ich sollte nicht meckern. Ich sehe aus wie zwölf, und schließlich ermöglicht mir genau dieses Aussehen überhaupt das Anschaffen bei diesen Kerlen. Hier wird nicht für große Titten gezahlt oder für Falten! That's Babystrich! Und je länger man jung aussieht, desto besser.

Noch zwei Kerle und ich kann mir wieder extra Crystal kaufen – dann brennt es gar nicht mehr.

Dann beginnt das Leben für einen Augenblick.

Oder das Leben hört auf für einen Augenblick.

Oder für immer.

Wobei das echt voll schwierig ist, ich meine das Auseinanderhalten von leben und nicht leben, von gutem Leben und schlechtem Leben. Was ist das wahre Leben? Ja, das wahre Leben ...

Das wahre Leben, die Ware Leben. Scheiße, ne?

Ohne Drogen fühle ich mich total beschissen. Wobei das von Droge zu Droge variiert. Auch wenn es total bescheuert klingen mag, aber wenn du auf Heroin bist, hast du ähnliche Symptome wie auf Crystalentzug. Und auf Crystal ähneln die Auswirkungen einem Heroinentzug. Bei Crystal werde ich wunderbar lethargisch, allerdings zittern meine Hände spürbar. Mein Körper gehört nicht mehr mir und macht, was er will. Das ist gut zum Sich-ficken-Lassen. Wenn ich auf Entzug bin oder wenn ich runterkomme, dann werde ich extrem müde, kann mich kaum auf den Beinen halten, weil auch mein Gleichgewichtssinn nicht mehr mitmacht ... Da fühlt sich mein Kopf immer an wie vollgewichst.

Egal, wie sehr ich mich anstrenge, ich schaffe es nicht, meine Gedanken auch nur für einen Augenblick in eine einzige Richtung zu lenken. Als wäre mein Gehirn ein Prisma und meine Gedanken zerstrahlen in alle Farben des Regenbogens.

Nur nicht so schön.

Das Licht in meinem Gehirn ist dann braun und grau, und ich hasse mich und will mich hassen. Und ich hasse mich, weil ich Drogen nehme, und dann nehme ich Drogen, weil ich mich dann nicht mehr dafür hasse.

Wenn man hingegen voll drauf ist, ist das für einen Augenblick unendlich schön. Aber nur, weil man vergisst zu leben. Weil man vergisst und weil man nur noch ein Teil der Droge ist.

POPO, Arsch sagt man nicht!

Der Kerl ist fertig. Der Druck in meinem ~~Arsch~~ lässt nach. Ein Blick von unten zwischen meine Beine und ich sehe sein Sperma, wie es meine Oberschenkel runterläuft. Besser als schlucken, denke ich mir und trotzdem schaudert es mich.

Ekel.

Ich muss dringend aufs Klo.

VOLLGEWICHST

Ich will den Schleim wegwaschen. Ich will duschen. Ich will weg. Weit weg.

«Halt! Wo willst du hin?», zischt der Typ und hält mich an den Handschellen fest.

«Aufs Klo.»

«Ich habe dich für zwei Stunden bezahlt und die sind noch nicht um, also bleibst du hier!»

Ich gebe auf. Werde noch kleiner. Bleibe da. Der Schleim läuft weiter meine Beine runter.

Es gibt beinahe nichts Schöneres als Typen, die sich endlich mal trauen, so eine kleine Fotze wie mich anzusprechen, und dann viel zu früh abspritzen und voller Scham abhauen. Das ist schnell verdientes Geld.

Außerdem kommen von denen die wenigsten wieder. Versagt vor einem Kind!

Doch der Typ ist nicht so.

Ich erkenne die Routine. Und auch irgendwie die Langeweile, die er mit sich rumträgt.

Das ist nicht gut.

Eigentlich hat er ja Recht, denke ich mir. Er bezahlt mich für zwei Stunden und die will er auch haben. Das wäre auch nur halb so schlimm, wenn die Wichser wirklich zwei Stunden ficken und nicht schon nach zehn Minuten abspritzen würden. Denn danach kommen sie meistens auf die wirklich dummen Ideen.

Das geilt sie dann wieder auf und wir können weiterficken.

Gott sei Dank.

Denn das Ficken ist eigentlich das Beste, was mir in so einer Situation passieren kann. Und richtig übel wird es, wenn sich rausstellt, dass ich einen total kranken Wichser abbekommen habe.

Die Männer, die mir Geld geben, sind immer ganz gerecht.

Ja, sie wollen zwei Stunden, sie nehmen zwei Stunden meines Lebens. Sie nehmen mir mein Leben weg, einfach so, und ich bin immer wieder erstaunt, wie billig mein LEBEN doch ist. Kein Marktwert. Zu viel Angebot. Zu viele.

Manche fragen, ob sie mit mir dies und das machen können, und dann tun sie es. Ich frage mich immer, warum ich so unglücklich bin, das ist doch nur gerecht. Oder?

Manche fragen gar nicht erst, aber die machen meistens die schlimmsten Sachen.

Einmal war ich in einem Geschäft und wollte Make-up kaufen. Klauen tue ich nicht.

Jedenfalls habe ich gehört, wie die Chefin zu einer voll fies geschminkten Tussi in Kittelschürze sagte: «Der Kunde muss zufrieden sein! Das ist das A und O im Geschäftsleben. Denn nur dann kommt er wieder. Kundenbindung, verstehst du?»

Meine Kunden kommen wieder und wieder.

In mir und auf mir.

Bei dem ganzen Denken habe ich vergessen, wo ich bin. Habe ich voll nicht mitbekommen, dass sich der Typ auf die nächste Runde vorbereitet. Denken ist Müll. Gedanken sind Müll. Sie helfen zwar beim Wegsein, man bekommt den Freier nicht so genau mit, aber dafür merkst du auch nicht, was er macht. Ob er ein Kondom benutzt oder ob er dich vielleicht gerade infiziert, dir ein Kind macht oder andere Dinge tut, die nicht abgesprochen waren ... die seine Frau unter Garantie nicht machen würde!

Mit Kabelbinder befestigt er die Handschellen am Bett, meine Hände werden dadurch über meinen Kopf gezogen.

Das spüre ich, das tut scheiße weh trotz der Drogen!

Ich schreie, doch es stört niemanden – nicht einmal mich.

«Das tut weh! Lass das!», sage ich, doch ich höre nur ein Lachen als Antwort.

Seine Hände kneten mein Fleisch und dann höre ich: «Böse Mädchen müssen bestraft werden. Und du warst ein böses Mädchen, nicht wahr? Sag dem Papa, dass du ein böses Mädchen warst und dass du unbedingt hart bestraft werden willst.»

Also wieder die Papa-Kind-Geschichte. Scheiße, das sind die widerlichsten Typen. Wer spiel~~t schön~~ schon gerne ‹Vater fickt Tochter›?

Das wird schmutzig.

Manchmal holen diese Typen von irgendwoher eine Pistole oder ein Messer, setzen dir dann den Lauf oder die Klinge an den Hals und du machst wirklich alles. Da ist es scheißegal, ob du weißt, dass es eine Spielzeugpistole ist, was nicht immer der Fall ist, denn dann ist selbst die Droge aus, dann bist du nur noch Angst.

Und obwohl ich weiß, dass Gott keine Lust auf mich hat, bete ich, dass es bald vorbei ist und ich danach noch etwas lebe.

«Papa, ich war ganz unartig», sage ich und bekomme es erst mit, als ich es schon gesagt habe. In der Regel folgen auf solche Sätze Schläge auf den ARSCH oder Sex von hinten. Doch das hatte der Kerl ja schon. Ganz selten habe ich aber auch total abgestürzte Freaks, die schon ziemlich heftig loslegen und dann mehr wollen, viel mehr.

Und der Typ heute spielt in der Oberliga, der Bundesliga der Freaks.

Aber als ich das merke, ist es schon zu spät ...

«Hey! Ich geb dir noch mal zwei Scheine, wenn ich mit ihr was ausprobieren darf, ja?» Der kaputte Kerl zu meinem Ticker.

AUSPROBIEREN!

«Klar, geil! Mach sie aber nicht kaputt!», höre ich es aus dem Nachbarzimmer. Der Arsch hat nicht mich gefragt, sondern meinen Ticker! Ich habe nichts zu bestimmen. Warum sollte er mich fragen?

Der Ticker ist mein Held, mein Retter.

Mein Ticker hat einen Namen.

Er passt auf mich auf und besorgt mir immer wieder Kunden. Manchmal sogar so richtig reiche Typen. Aber mit denen rechnet er immer selber ab. Nur durch Zufall habe ich mal mitbekommen, was ich diese Typen eigentlich koste. Einmal hatte mein Ticker nämlich keine Zeit. Er war zum Stoffkaufen nach Berlin gefahren. Also hat der Typ mir das Geld in die Hand gedrückt: dreihundertdreißig Euro! Aber davon habe ich nur dreißig Euro bekommen.

Und doch mag ich meinen Ticker irgendwie, auch wenn er ein Arschloch ist. Weil er mir ja nicht nur die dreißig Euro gibt, sondern auch Zeug. Blöd ist nur, er gibt mir gerade so viel, dass ich den Kunden bedienen kann.

Quasi wie Arbeitsausrüstung.

Aber ich brauche halt für den Rest des Tages auch was. Und dafür reichen die dreißig Euro oder, wenn ich selber das Geschäft mache, die sechzig Euro nie im Leben. Da muss man dann schon ~~eine Maschine~~ ein Fickfließband sein, um über die Runden zu kommen.

Mein Ticker beschafft mir Kunden, damit ich das Geld für die Drogen beschaffen kann. Ein fairer Deal, so lernt man das auf der Straße.

Ich höre mich plötzlich schreien wie am Spieß, noch bevor der Schmerz durch die Drogen hindurch mein Gehirn erreicht, und mein Gehirn merkt, dass das Schmerzen sind, die da kommen. Vor lauter Schreck und Schmerz hätte ich mir beinahe die

Arme ausgekugelt. Ich stoße mit meinem Kopf gegen das Eisengestell des Betts und dann mischt sich in mir aus Drogenwahn, beschissenem Trip und diesem Freakarschloch der absolute Schmerz!

Das ist nicht gut.

Ich hatte schon lange kein Zeug mehr, der Schmerz ist so real. Ich brauche Drogen! Dann geht es wieder, sage ich mir. Oder irgendjemand, der in meinem Kopf wohnt. Ich weiß es nicht. Kann das nicht mehr unterscheiden. Weiß nicht mehr, wer ich bin, wer ich war und was das alles soll. Warum schreie ich eigentlich? Ich habe es doch so gewollt, oder? Keine Ahnung.

«Scheiße! Lass das!», schreie ich und zapple wild hin und her, um der Flamme des Feuerzeugs zu entkommen. Doch er ist viel stärker als ich. Die eine Hand um meine kleine Babyhüfte geschlungen und von unten meine Muschi begrabschend, hält die andere ein Feuerzeug und spielt damit an meinem Arsch und meiner Fotze.

Es tut höllisch weh.

Es brennt!

«Hey, lass das! Bist du bescheuert? Ich hab doch gesagt, nicht kaputtmachen!» Der Ticker. Mein Ticker. Mein Retter und Beschützer.

«Ich mach sie doch nicht kaputt. Das ist doch nur Spaß, und ihr gefällt es doch auch! Schau!» Der Kerl.

Das Feuerzeug.

Schmerz.

«Ah, Scheiße, lass mich los!» Ich.

«Gib das Feuerzeug her. Du bekommst es nachher wieder. Und jetzt fick weiter und lass mich meine Arbeit machen.» Mein Ticker. Durch Rotze und Tränen sehe ich, wie er ihm das Feuerzeug wegnimmt und dann wieder verschwindet.

Endlich fickt der Kerl mich wieder.

Das ist besser als das Feuerzeug. Ich muss danke sagen.

Ich sage danke.

Wieder mein Popo.

Mein Arsch. Wie die Hunde es tun.

Ich bin noch immer eng. Und jetzt auch verbrannt.

Ich denke nur an die 30 Euro, die ich nachher bekomme. Und die Drogen! Das ist der Lichtblick. Das Geld bedeutet, dass ich mir bald neue Drogen kaufen kann. Und vielleicht ist mein Ticker so fair und gibt mir noch etwas mehr Crystal wegen der Schmerzen. Das war ja so nicht abgemacht!

«Bitte deinen Namen und dein Alter ... fürs Protokoll.»

«Natascha T[illegible], ich bin siebzehn. Geboren am 14. Februar 1989.»

«Und was hast du in der Reiterstraße nachts um zwei Uhr gemacht?»

der Name passt!

«Was wohl ... ich meine, ich nehme Drogen und so. Aber keine Angst, ich nehme nur Chemo. Ist das schlimm? Ich meine, ich weiß, das ist verboten, aber ich muss es nehmen, und das Zeug kostet echt scheiße viel Geld! 'tschuldigung, wollte nicht Scheiße sagen, aber wenn ich aufgeregt bin, laber ich echt nur Scheiße ...»

«Du hast dich also prostituiert?»

Ich hab mit Kerlen gefickt für Geld für Drogen!

«Na ja, ab und zu kommt ja mein Ex-Freund vorbei und der gibt mir was. Aber das ist auch nicht viel und außerdem ...»

«Stopp, Natascha. Du kennst das Ganze doch schon. Und ich kenne die Geschichte auch schon. Bitte kurze, einfache Sätze, ja? Bist du auf den Babystrich gegangen?»

«Ja.» Ich finde Polizeiverhöre scheiße. Aber ein paar der Typen kennen mich schon. Entweder haben sie mich schon mehrfach aufgegriffen oder aber es sind Kunden. Der hier ist einer von den Netten. Der ist kein Kunde.

«Du weißt, was jetzt kommt, oder?» Jetzt guckt der wie mein Papa, bevor er immer ausgerastet ist. Nur der Polizist rastet nicht aus. Deswegen mag ich die Polizei irgendwie. Nur halten die mich immer von der Arbeit ab. Sie ändern nichts, machen es nur schwerer für mich, an meine Drogen zu kommen. Aber sie schreien nicht und die meisten ficken auch keine wie mich. Das ist gut.

«Ja.» Lustig. Ich komme nicht einmal mit den Füßen auf den Boden, wenn ich hier sitze. Meine Stiefel, immer mehrere Nummern zu groß, schlackern an meinen Füßen und zappeln hilflos hin und her. Das Zittern kommt wieder. Das Zittern.

Jetzt bloß nicht mit den Zähnen klappern. Ich brauche meine Drogen [illegible]t!

«Dann wird dich mein Kollege jetzt nach Hause bringen.»

«Das ist doch Scheiße! Da ist doch bloß meine Mutter und die will mich doch eh nicht haben! Keiner will mich haben außer den Typen, die mich schlecht bezahlen! Was soll ich denn machen?»

«Natascha, komm schon, natürlich liebt dich deine Mutter. Jede Mutter liebt ihre Kinder.» Natürlich. Und ich bin ein schönes Model! Aber der versteht das nicht. Ich muss lachen und es klingt wie das Meckern einer Ziege, weil mein Kiefer zittert.

Und wenn es doch nicht so brennen würde im Schritt – rubbeln, kratzen, jucken, drangehen. Es brennt! Das sieht bestimmt bescheuert aus, wenn ich dauernd meine Hand im Schritt habe.

«Was hast du? Hast du dir was eingefangen?»

«Das ist gut. Was eingefangen ...» Kann nicht aufhören zu kratzen.

Du dumme Kuh! Nicht erwischen lassen!

Der Streifenwagen hält viel zu früh.

Hier ist es warm, hier wird man nicht angeschrien. Hier ist es still. Hier fickt dich niemand in den Arsch oder hält dir ein Feuerzeug in den Schritt. Hier will ich bleiben. Ein Zuhause.

«Soll ich noch mit reinkommen? Eigentlich muss ich ja.»

Ich versuche zu lächeln. Ein Satz funktioniert immer, egal ob bei den Freiern oder den Bullen: «Ich will versuchen, artig zu sein.»

Er lässt mich aussteigen. Wartet aber im Auto, ob ich auch wirklich reingehe. Scheiße! Dann muss ich wohl. Da meine Mutter mir keinen Schlüssel gibt, muss ich klingeln.

Das Licht geht an und kurz darauf die Sprechanlage: «Ich hab keine Zeitung, du Arsch! Hol doch jemand anderen aus dem Bett!»

Mama, bitte, bitte, bitte, bitte ...!!!!

«Mama, ich bin's. Lass mich bitte rein.» Kurze Stille, dann geht Gott sei Dank der Summer der Tür und ich verschwinde für den Polizisten und für die übrige Welt da draußen. Das ist nicht immer so. Sie hat mich auch schon draußen schmoren lassen.

Im Sommer ist das nicht schlimm, da gehe ich an den See und schmeiße mir noch etwas ein. Aber im Winter geht das nicht.

Da ist es kalt, und wenn du Drogen nimmst, dann immer drinnen, wo es warm ist, sonst kannst du gleich von der Brücke springen. Die Drogen und der Winter töten gemeinsam. Und sie sind gut darin.

Und momentan will ich das nicht.

Dann kann ich nicht mehr in die Schule.

Die Standpauke meiner Mutter bekomme ich gar nicht mit, Krämpfe setzen ein und ich zittere. Ich brauche CRYSTAL mein Crystal. Die Scheißbullen sind genau in dem Moment gekommen, in dem ich unter der Dusche was ziehen wollte. Außerdem brennt mein Schritt wie die Hölle. Dieser blöde Kinderficker ist total ausgetickt.

Aber mein Ticker hat mich gerettet. Als ich geschrien habe, kam er und hat ihm das Zippo weggenommen.

«Hey! Spinnst du? Du machst sie kaputt! Die muss morgen wieder arbeiten!», hat er den widerlichen Typen angeschrien oder so ähnlich. Ich bekomme das nicht mehr zusammen.

Und dann zog er sein Messer und hielt es dem Typen vor die Nase. Bestimmt hat er das getan! Mein Held würde das tun, bevor er seine Prinzessin rettet.

Mein Held! Ich fühlte mich ehrlich ein wenig wie eine Prinzessin. Mein Papa hat mir Märchen vorgelesen

Der Arsch nahm endlich das Feuerzeug aus meinem Schritt und ließ mich los. Der Ticker grinste und nahm ihm das Feuerzeug ab.«Fick sie noch ein wenig. Schließlich hast du dafür bezahlt.» Dann war er wieder verschwunden.

Irgendwann war es zu Ende.

Ich bin nur weg von ihm und bin taumelnd vom Bett gefallen. Meine Eingeweide brannten, ich brannte. Und ohne Drogen war es, als sei das wirklich mit meinem Körper geschehen, als hätte ich mit ihm geschlafen und nicht irgendeine dumme Fotze auf Drogen.

Scheiße!

FOTZE ARSCH FOTZE ARSCH
WIE FICKEN PRINZEN

Mit Drogen ist es dir egal, was sie mit dir tun. Wenn der Flash vorbei ist, ist dir alles egal. Du stehst neben dir und siehst einen furchtbar schlechten Film, in dem zum Beispiel jemand ein kleines Mädchen fickt, das dir ähnlich sieht. Es interessiert dich nicht und das macht es erträglich.

Wenn du eine Fernbedienung hättest, würdest du auf einen anderen Kanal wechseln.

«Geh duschen und dann raus hier! Ich denke, zwei oder drei kannst du heute noch machen. Und hier, zehn Euro mehr für die Scheiße mit dem Zippo!», hatte mein Ticker gesagt.

Ich gab ihm ein Küsschen.

Als das Wasser über mich lief und ich endlich den Schleim abwaschen konnte, war das der ideale Zeitpunkt, um was zu ziehen. Dann sind auch die Schmerzen nicht mehr so schlimm!

Das ist so geil, wenn du high wirst und warmes Wasser regnet auf dich runter. Wie warmer Klang auf der Haut und du wirst zu einer Farbe, die von einem weichen Pinsel mit Wasser vermischt wird ... und Gott malt ein Bild mit dir.

Doch so weit kam ich nicht. Stattdessen stand ich nackt vor so einem Bullen, der nicht nur die Pistole auf mich richtete.

Aber das muss meine Mama nicht erfahren. Nicht dass sie sich dafür interessiert, aber dann wäre der Streit noch heftiger und vielleicht würde sie mich wieder schlagen ...

Ich verschwand auf mein Zimmer und schlug die Tür zu. Ich habe drinnen zwei Ketten, die ich vormachen kann, so wie normale Leute sie an der Haustür haben. Aber ich bin nicht paranoid oder so, das hat auch nichts mit den Drogen zu tun, sondern nur mit den Freunden meiner Mutter. Die schlagen nämlich gerne kleine Mädchen. Und da meine Mutter kein kleines Mädchen ist, schlagen die mich.

Mama schreit noch eine Weile und tritt gegen die Tür. Die Ketten klappern und ich höre nicht, was sie sagt, denn die Schmerzen sind da.

Oh Scheiße, die Schmerzen sind da.

Nicht dass ich auf so was nicht vorbereitet bin, das passiert ab und zu, wenn man Drogen nimmt, aber die Schmerzen sind höllisch. Jedes Mal. Deshalb versucht man alles, damit das nicht passiert, damit man nichts spüren muss.

Crystal – Kristalle.

Scharfkantig drücken sie sich durch meine Adern, es fühlt sich an, als würde mich die Droge innerlich zerschneiden, wenn ich nichts mehr nehme.

Sie zerfetzt mich!

Diamanten. H[illegible]!

Strass-Steine.

Ich fühle, wie das Blut in meinen Körper läuft und damit auch die scharfen Kanten. Es schneidet, es brennt, es ist immer da. Es pulsiert nicht, es ist immer da. Ich hasse das Gefühl, deshalb versuche ich auch möglichst nicht runterzukommen. Das hilft.

Ich schaffe es gerade noch zum Eimer und kotze rein. Wenigstens kotze ich, bevor ich die Drogen nehme.

Andersrum wäre das Scheiße! Ich meine, in der eigenen Kotze rumwühlen, um die Drogen zu finden und noch mal zu schlucken ... Kein schöner Anblick, wenn die Tabletten im Magensaft liegen ... Das ist mal einer Tussi auf 'ner Party passiert. Das war voll widerlich. Extrem wenig Selbstachtung, das Kind.

Ich ekle mich davor, will das nie tun müssen. Aber wenn die Schmerzen da sind, dann hört man auf, Mensch zu sein, dann denkt man nicht mehr, dann ist man nicht mehr. Wenn man das Zeug spritzt, dann kann man es aber auch nicht unfreiwillig auskotzen. Ein Vorteil des Spritzens!

Oh, wenn das Zeug in der Spritze bereits wieder kristallisiert, das ist so schön! Flüssige Diamanten schimmern in dem Kolben und sie sehen auch nicht gefährlich aus. Aber sobald das Zeug in dir ist ...

Es ist schon ein Unterschied, ob man das Zeug schluckt oder drückt oder ... Alles hat Vor- und Nachteile. Aber jetzt will ich einfach was nehmen, was gegen die Schmerzen. Medikamente, Tabletten, Ecstasy. Irgendwas!

Mama ist für einen kurzen Moment still. Ich schniefe und wische mir mit dem Ärmel übers Gesicht. Als der Würgereiz nachlässt, suche ich in meiner Tasche nach dem Stoff. Bevor es noch schlimmer wird, muss ich endlich was nehmen.

Meine Hände zittern. Fuck, wie soll ich denn die kleinen E's finden, wenn meine Hände so zittern?

SCHEISSE, SCHEISSE, SCHEISSE, SCHEISSE, SCHEISSE,
SCHEISSE SCHEISSE SCHEISSE, SCHEISSE

Das macht mich wahnsinnig.

Wo habe ich denn mein Zeug?

Normalerweise ist es im Schminkspiegel, hinter dem Glas. Da war ursprünglich mal sehr heller Puder drin, und wenn da noch ein paar Brösel rumfliegen, checkt das niemand, dass es – Shit! Wo sind die Drogen, wo ist mein Crystal oder wenigstens ein paar Tabletten ...

Irgendwas! *Wobei ich NICHT alles nehme!*

Ich schmeiße meine Tasche in hohem Bogen durch das Zimmer und der ganze unnütze Scheiß, den ich immer mit mir rumschleppe, fliegt durch die Luft, klatscht an die Tür.

Verdammt nochmal!

Ich höre jemanden brüllen und merke, dass ich es dieses Mal bin. Meine Mutter stimmt mit ein, weil sie denkt, ich brülle sie an.

Auf allen Vieren wühle ich mich durch den ganzen Mist, durch Zigaretten, Kondome, Kaugummi, Parfum ... Halt, ich hab's in die Taschentücher eingewickelt!

Ich wünschte, ich könnte mal wieder fliegen. So richtig. So wie man es in den Filmen sieht oder wie die Sechzehnjährigen es beschreiben, wenn sie das erste Mal Pilze nehmen oder kiffen.

Aber über das Stadium war ich mit dreizehn schon hinaus. Mittlerweile helfen mir meine Drogen, den Tag zu überstehen. Meinen Job zu überstehen und trotzdem ab und zu in die Schule zu gehen.

Meine Hände zittern nicht mehr und das Leben wird unscharf.

Unscharf ist gut!

So gut! Endlich hört es auf

Kapitel 2 – Die Klinge

Ich weiß nicht, wie man das beschreiben soll. Irgendwie ist jedes Mal, wenn ich die Drogen nehme, alles superschlecht und gleichzeitig aber auch übelst gut. Mir geht es auf Drogen besser als sonst, aber ich muss manchmal auch kotzen, und danach ist da dieses Gefühl, dass ich leer bin. Ausgelaugt.

Ich kotze eigentlich gerne.

KOTZEN—LEERMACHEN

Vor allem nach dem Essen. Ich habe voll Panik, fett zu werden. Also noch fetter, als ich eh schon bin. Mehr als vierzig Kilo wäre mein Alptraum!

Die Wirkung der Drogen ... ist immer gleich. Und doch so unterschiedlich wie Schwarz und Weiß. Ich nehme Crystal, Kokain, THC, ich nehme alles, was ich kriegen kann.

Ich nehme Drogen.

Ich nehme Heroin. ich liebe Heroin

Heroin atmen

Da fallen mir immer die Augen zu und ich denke, dass ich jeden Moment aufhöre zu atmen.

Atem –

Stillstand.

Das war keine schlimme Erfahrung. Das war zwar Scheiße, aber es war kein schlimmes Gefühl. Eher ein egales Gefühl.

Ich weiß ja, dass es ohne Drogen schlimmer wäre. Anders. Lebendiger. So mit Gefühl. Das brauche ich echt nicht. Gefühle sind überflüssig. Wer braucht das schon.

Und gleichzeitig ist es mir egal, was die Leute zu mir sagen, was die Leute von mir denken. Ich bin die Größte, ich bin meine größte Heldin! Dann schaffe ich alles!

Wenn es nur so wäre.

Dann gibt es nur die Drogen und mich. Dann ist alles für einen kurzen Augenblick okay.

eine junge, alte Matratze auf der haben schon viele

Was soll ich sagen, ich weiß auch nicht. Ich bin halt nur eine durchgefickte Stricherin, das ist alles. Ich bin halt Scheiße, ich weiß nichts, ich verstehe nichts und ich kann nichts. Nur cutten oder Drogen nehmen, zu mehr bin ich einfach nicht zu gebrauchen, außer anschaffen, das kann ich auch ... Allerdings nicht wirklich gut. Obwohl ich es schon ~~unendlich lange~~ jahrelang mache, schaffen es die Kerle immer wieder, mich abzulinken und mir mein Geld nicht zu geben.

Kreist mein Leben wirklich den ganzen Tag nur um Drogen? Ich nehme halt jeden Tag Crystal, mindestens 1,2 Gramm, das sind hundertzehn Euro. Ein Gramm kostet neunzig Euro. Ich meine, da ist es doch klar, dass ich mich mit dem Thema beschäftigen muss. Schließlich brauche ich pro Tag rund hundertzehn Euro für die Drogen.

Und das ist nur die Grundversorgung. Manchmal nehme ich dann auch Heroin, Ecstasy und so, wenn Crystal nicht zu kriegen ist.

MiTLeidsSMasche ...

Ich bin ein tieftrauriges Kind. In meiner Seele ist nur Traurigkeit. Ich bin 1,53 m groß, habe Schuhgröße 35. Ich mag es, tanzen zu gehen. Und ich will die Schule schaffen. Ich lese sehr gerne, momentan von Hermann Hesse «Steppenwolf» ... und ich bin nicht wirklich toll. Erstens bin ich übelst verpickelt, dann übelst fett und ich ritze mich.

Manchmal, wenn der Flash nachlässt und in mir drin alles still ist, kein Klagen, keine Stimmen, nichts, dann frage ich mich, ob ich jemals glücklich war. Gab es Momente in meinem Leben, in denen ich einfach gelebt habe, in denen ich eine Familie hatte, die mich geliebt hat?

Und wenn ich das denke, werde ich wütend, weil ich dann traurig werde, und das Zeug ist viel zu teuer, um traurig zu werden.

Ich weine ja eh viel zu viel. Shit!

Es gibt da einen Song, der sagt:

We are the angels of the dark
We're everything you'll ever need
We have the darkness on our side
It will guide us to a better life
No more fear and no more pain
We will protect you eternally
The only price you have to pay
is to leave this world behind

Das ist ein Song von BLUTENGEL, den Titel habe ich vergessen. Ich glaube sogar, der war «Angels of the Dark». Scheiße, ich würde nichts lieber tun, als diese Welt hinter mir zu lassen ... Das wäre nicht einmal ein Preis, sondern eine Last, die man mir abnehmen würde ... Und ja, wie gerne hätte ich jemanden, der mich beschützt, jemanden, der mich ab und zu in den Arm nimmt, nicht nur um danach zu ficken oder mich an jemanden zu verkaufen, der mich ficken will. Obwohl, das muss nicht sein. In den Arm genommen zu werden ist gar nicht so toll. Da kommt man sich so nah. Man riecht den Schweiß des anderen, den Atem. Vergiss das! Ich denke mir manchmal Blödsinn aus.

Einmal habe ich einen Typen gefragt, wie es sich anfühlt, ein normales Leben zu leben. Aber der hat auch nur Blödsinn gequatscht. Hat gemeint, man sei einfach glücklich. Er würde sich über einen sonnigen Tag freuen und so ... So was Blödes! Über so was freut man sich doch nicht!

Hey du, kannst du für mich glücklich sein? Das wäre schön.

Glück, pah!

Der Typ sagte auch, eine Frau zu haben, wäre Glück. Ich frage mich, warum er dann zu mir kommt und fünfzig Euro ausgibt. Vielleicht hat er eine Tochter und stellt sich vor, es mit ihr zu treiben, während er es mit mir macht. Dann würde ich ja was Gutes tun. Seine Tochter vor ihm bewahren. Toll. Das ist doch total schräg!

ich hasse das glück der andere

Einen Freund zu haben ist Scheiße! Ich meine, mit dem musst du ficken. Und du bekommst nichts dafür! Auf dem Strich, da bekommst du wenigstens Geld, wenn du das machst, was die Kerle wollen. Aber bei einem Freund, der sagt dann nur: Ich liebe dich, du musst mit mir schlafen!

Sex ist Arbeit und ein Mittel zum Zweck, um meine Wünsche durchzusetzen.

Sex ist ein Mittel zum Zweck. Ich denke, diese Wahrheit ist universell.

Manchmal machen die Typen auch Fotos ... Ich hasse das. Ich bin hässlich, da will ich mich nicht im Spiegel sehen und auch keine Fotos von mir. Ich meine, die fragen dich zwar, ob sie ein Foto machen dürfen, aber egal, was ich sage, die machen die Fotos ja doch.

Und was soll ich dagegen tun?

bilder sind doof!

Ich bin schwächer als er. Und ich brauche sein Geld. Also ist es egal, was ich will.

Das Beschissenste an der ganzen Sache ist, dass die dann was gegen mich in der Hand haben. Ich meine, die gehen mit meinen Bildern zur Polizei und schon bin ich dran ... Dann sehen die alle, wie hässlich ich bin. Dass ich mich ritze und so, und wo überall das Fett schwabbelt. Das ist doch Scheiße. Ich hasse Fotos von mir.

Und wenn ich daran denke, dass die die Bilder von mir ins Internet stellen könnten ... da kann sie jeder sehen! Da wird mir ganz schlecht, wenn ich nur daran denke.

Ich war noch nie raus aus dieser Stadt. Na ja, einmal schon. Da sind wir mit der Schule für einen Tag wohin gefahren. Ich weiß schon nicht mehr, wie das hieß, aber da gab es überall nur Wald und Berge. Wir sind da voll durch die Natur gelaufen und an einem See vorbei.

Das war auf der einen Seite total schön, auf der anderen Seite war das aber auch totale Scheiße, weil ich nicht genug Zeug dabeihatte und außerdem fast nie alleine war, um das Zeug zu nehmen. Ich habe voll Panik geschoben, dass ich vor allen austicke.

Und dann war der Ausflug nicht mehr schön, sondern nur noch bedrohlich: Hier gab es weit und breit keinen Ticker!

Keine Drogen.

Nur Scheißnatur!

Ich habe dann irgendwann einfach eine Tablette genommen. Meine Ich-mache-jetzt-Party-Tablette.

Wenn du auf ‹E› bist, dann ist es ganz komisch. Entweder klapperst du andauernd mit den Zähnen oder aber du beißt die Zähne ganz fest aufeinander. So 'ne Kiefersperre ... Ich habe

BLASEN

dann immer Lust, Männern einen zu blasen. Schon voll komisch, weil ich das sonst hasse. Ich meine, es schmeckt scheiße und du selber hast nichts davon. Aber auf E ist das anders ... Ich weiß noch genau, als wir mit der Klasse Rast gemacht haben am Rand einer Lichtung, da hatte ich irre Lust zu blasen.

Ab und zu war ich mit meinem Dealer auch in Prag zum Drogenkaufen. Man kann nicht sagen, ich hätte was von der Stadt gesehen, denn der Straßenstrich sieht überall gleich aus, wie auch die Behausungen der Dealer. Aber ich habe es ja auch nicht gemacht, um was von der Welt zu sehen, sondern weil mein Ticker jemanden brauchte, der den Stoff testet. Das heißt, ich bekam eine kostengünstige Probe und mein Ticker wusste, ob der Stoff gut ist.

Ein fairer Deal.

Da habe ich auch ein Mädchen aus dem Westen getroffen. Da die Entfernung unserer Reviere so groß war und wir beide nicht arbeiten mussten, kamen wir gut miteinander klar. Sie war voll nett. Auch ihr Ticker hatte sie mitgeschleppt.

Als sie mir sagte, was man drüben verdienen kann ... Wow! Ich meine: achtzig Euro, das ist eine Menge Geld. Aber hier geht das nicht. Noch dazu auf dem Straßenstrich! Die Grenze zum Osten ist nicht so weit weg und das macht die Preise kaputt. Es gibt Leute, die fahren mehrere hundert Kilometer, denn hier ist das Ficken so billig wie sonst nirgends. Du kannst hier buchstäblich für Erdnüsse ficken! Peanuts!

Globalisierung ist Kacke! *nur ein STRICH, ein Leben*

Und natürlich auch ohne Gummi und so, aber hey: Da gibt es nicht selten eine Riesenauswahl an Infektionen gratis obendrauf! Hier werden die Mädels wirklich kaputtgefickt. Die scheißen sich nichts von wegen Aids und so. Die leben ja gar nicht lange genug, bis die Krankheit ausbricht! Und die wissen das! Das ist aber wenigstens konsequent. Ich bin da anders. Mal hü, mal hott, mal Selbstmordgedanken, mal Schulstrebergedanken. Mal alles egal, mal nicht alles egal, nur das Meiste.

Wenn ich irgendwann keine Drogen mehr nehme, möchte ich ganz viele Haustiere haben, um die ich mich dann kümmern kann. Am liebsten [illegible] zwei Katzen, drei Wellensittiche, Kaninchen, Ratten, Goldfische und vielleicht sogar noch eine Spinne und einen Dobermann. Der muss mich dann immer beschützen, wenn ich draußen bin, zum Beispiel auf dem Weg zum Einkaufen, wenn ich Futter für die Tiere kaufe. Das hört sich total bescheuert an, ich weiß.

Aber das wird nicht passieren, denn von den Drogen komme ich eh nicht los.

Und wenn ich auf Drogen bin, kann ich mich um die Tiere eh nicht kümmern, denn die Droge ist wichtiger! Und wenn die Tiere sterben würden und ich wäre schuld, das würde ich nicht verkraften! Hasen sind besser als Freunde

Kinder will ich auch. Ganz viele. Die will ich lieb haben, egal was sie tun oder nicht tun! Ich würde sie immer in den Arm nehmen und ihnen nie etwas abschlagen! Ganz bestimmt! Ich glaube, ich wäre eine tierische Glucke und meine Kinder würden es hassen, wenn sie in die Pubertät kämen. So: «Immer hängt uns die Mama am Hals! Wir wollen unseren Freiraum!»

Was würde ich meinen Kindern erzählen, wenn die all meine Narben sehen? Ich glaube, ich würde versuchen, meine Narben zu verstecken. Klar, das geht nicht immer, aber eben solange es geht. Und wenn die dann doch die Narben sehen und danach fragen, müsste ich ihnen sagen, dass ihre Mama früher ganz doll krank war und das tun musste. Ich musste mich einfach ritzen ... Aber wenn ich dann noch krank sein sollte, dann müsste ich ihnen sagen, dass ich noch immer krank bin und dass dagegen kein Medikament funktioniert.

NARBEN KINDER

Dann hätte ich voll die gestörten Kinder ...

Aber egal. Ich hätte sie noch immer lieb. Ich würde für sie einkaufen gehen und Essen machen und jeden Tag was anderes kochen. Kein Fertigzeug, nein, so richtig von Mama gekocht! Dampfende Kochtöpfe auf dem Herd, wenn die Kinder gerade aus der Schule kommen.

«Hi, meine Kinder! Essen ist gleich fertig!»

«Hallo Mama! Cool!»

«Deckt doch schon mal den Tisch und wascht eure Hände!»

«Okay. Was gibt es denn?»

«Euer Leibgericht.»

«Du bist die Beste, Mama!» Ja, die Beste!

eltern müssen ihre kinder lieben

Auf Drogen habe ich richtig Ekel davor, etwas zu trinken oder zu essen. Allein von dem Gedanken muss ich kotzen. Ein kleiner Keks ist für mich schon zu viel. Allein der Gedanke daran, diesen Keks in mir zu haben, ihn zu verdauen, ist unerträglich.

Manchmal – wenn es schön war, habe ich aber auch einfach nicht daran gedacht, dass es so etwas wie Nahrung gibt. Man könnte meinen, auf Drogen gibt es keine Nahrung, da gibt es nur dich und die Drogen. Was rede ich da? Natürlich gibt es nur noch die Drogen. Du bist die Geisel, du machst alles für die Droge. Du stirbst auch für sie, kein Thema.

DROGEN GEISEL

Die Drogen sind die Sollbruchstelle meiner Seele, meines Lebens. Hier soll ich wohl zerbrechen. Aber auch Sollbruchstellen können halten. Brauchen nicht kaputtzugehen. Man muss sie nur pflegen und vor Belastung schützen. Einfach nicht leben, das ist der Trick.

Vielleicht kotze ich auch so häufig, weil ich sichergehen will, dass keiner mehr in mir ist! Das ist wie der Waschzwang. Du fühlst dich immer noch dreckig und immer noch schmutzig, obwohl du die saubersten Hände der Welt hast.

Als ich sechs war, haben sich meine Eltern scheiden lassen, mit acht bin ich von der Mutter ins Heim gegeben worden, weil sie mich nicht mehr ertrug.

Vereinfacht kann man vielleicht sagen, dass ich Eigentümerin der sagenumwobenen schlechten Kindheit bin. Zwischenzeitlich war ich immer wieder daheim, weil ich in der Anstalt rausgeflogen bin ... Eigentlich bin ich einfach abgehauen, aber das sage ich keinem. Es war ja nicht so, als hätten die uns eingesperrt ...

steht im schaufenster: ALLES muss raus

Meine Gedanken springen ziemlich wirr ... entweder sind das die Drogen oder die Nachwirkungen der Drogen oder vielleicht bin ich schon immer so gewesen. Keine Ahnung. Ich weiß ja nicht, wer ich bin, wer ich war und wie ich ohne Drogen geworden wäre. Aber es ist schon seltsam, wenn man so über sich nachdenkt. Ich habe mich gerade gefragt, ob ich an Gott glaube. Keine Ahnung, wie ich gerade jetzt darauf komme, aber wenn ich darüber nachdenke, würde ich schon sagen, dass ich an Gott glaube.

lebensUNwert

Besonders, wenn ich an Kinder, vielleicht meine eigenen in einer fernen, anderen Zukunft, an Babys oder an die kleinen Tierbabys denke. So viel Schönheit kann doch nicht nur Zufall sein, oder?

GOTTES kinder GEISEL

Auf der anderen Seite: Warum lässt Gott dann so viel Leid zu? Habe ich ihm was getan?

So von wegen schreckliche Kindheit, wie mein Vater sich auszog, um mich die Liebe zu lehren ...

Warum sollte man da noch an Gott glauben? Und trotzdem. Irgendwie ist es da, das Gefühl.

Und warum lässt Gott dann Männer auf den Strich gehen? Auf den Babystrich? Keine Ahnung, was die dabei finden. Vielleicht wollen die was machen, was die Frau von denen nicht machen will. Vielleicht ist die einfach zu verklemmt?

Männer WARUM fickt ihr KINDER!

Vielleicht gibt es dann weniger Strichmädchen!

Ich glaube auch, viele wollen ein junges Mädchen, damit sie sich wieder wie der Hengst aus der Schulzeit fühlen, begehrt und attraktiv! Aber das funktioniert nicht. Ich meine, wenn ich nicht das Geld für die Drogen bräuchte, nie im Leben würde ich mit so einem Typen mit behaartem Bierbauch und Schwabbelkinn SEX haben wollen! pfui

Und was natürlich auch toll ist bei Nutten: Die Kerle haben die absolute Kontrolle. Sie wissen, dass man das Geld für Drogen braucht, dass man für das Geld alles tun würde. So können sie für ein paar Euro den absoluten Übermacker raushängen lassen. Ist doch toll, oder?

Was geht in Männerhirnen ab, wenn es die aufgeilt, eine kleine Stricherin zu kontrollieren und der zu sagen, wo's langgeht?! Verstehe ich einfach nicht!

Nur das mit der Kontrolle, also mal ganz allgemein, das verstehe ich. Ich finde es nämlich auch total beschissen, wenn ich nicht die Kontrolle über meinen Körper habe. Und das ist meistens so, denn wenn ich drauf bin, sind die Drogen am Steuer ... und oft auch ein Freier.

Wenn ich runterkomme, sind noch immer die Drogen am Zug, denn die sagen mir, dass ich irgendwie neue Drogen besorgen muss, sonst passiert was total Schlimmes!

Deshalb ritze ich mich ja so oft, weil ich mich irgendwie fühlen will – so stand das mal in einem Buch über Borderline, und ich finde, die Erklärung passt. Und weil ich mir selber Schmerzen zufüge, wann, wo und wie ich will. Darüber entscheide ich ganz alleine! Ich habe die Entscheidungsgewalt, die Kontrolle!

Und das tut so gut! Mal für einen kleinen Augenblick kontrollieren, in Bahnen lenken, wunderbar.

Wenn ich losziehe und ein neues Päckchen Rasierklingen kaufe, da werde ich schon ganz kribbelig. Und dann die Klinge auspacken und durch mein eigenes Fleisch ziehen.

In mich hineinhorchen und hören, ob da was ist, ein Echo des Schmerzes. Die Kontrolle.

Der Kontrollschmerz.

Manchmal findet mein Leben ohne mich statt, macht einfach weiter und ich darf nur zuschauen. Das finde ich ungerecht und dann rege ich mich auf, schmeiße Sachen kaputt und schreie das Leben an: Ich will mitmachen, schreie ich! Lass mich!

Doch das Leben hört mir nicht zu.

Irgendwann habe ich nicht mehr geschrien, habe nicht mehr geweint. Weinen ist dumm, das tun nur dumme Fotzen und ich will keine dumme Fotze sein.

Ich will ein liebes Mädchen sein. Das sage ich mir immer.

Mein Papa hat mich immer gefragt: Willst du denn nicht lieb sein? Ich habe dann immer genickt. Mein Papa, also mein richtiger, war toll. Ich erinnere mich leider nicht mehr so gut an ihn, aber er hatte mich lieb und hat mir abends immer vorgelesen und hatte mich einfach lieb. Nach der Geschichte hat er mich geküsst und mir gesagt, wie lieb er mich doch hat. Mit seinen großen Händen ist er durch meine Haare gefahren und ich habe die Augen zugemacht und geträumt.

Doch dann war er eines Tages fort.

Der nächste Typ meiner Mutter war ein Arschloch. Er hat mich geschlagen, wenn ich ihn nicht auch «Papa» nannte. Immer wieder hat er mich gefragt: «Wer bin ich?» Und ich musste ihm antworten: «Du bist mein Papa.» Wenn ich dazu seinen Schwanz aus dem Mund nehmen musste, bekam ich sofort eine ins Gesicht.

Meine Mutter kümmerte sich nicht darum, was mein neuer Papa mit mir anstellte. Sie liebte ihn und vergötterte ihn. Egal, was er sagte, meine Mutter war seiner Meinung. Er hätte auch sagen können: «Hey, deine Tochter ist ein Schwein, essen wir sie auf!» Sie hätte das Messer geholt, bestimmt.

Als sie ihm eines Tages von den Gute-Nacht-Geschichten erzählte, die mein richtiger Papa mir immer vorgelesen hatte, war es für ihn wie eine Freikarte. Jeden Abend kam er zu mir, um mir vorzulesen, aber er las mir nichts vor.

Es gab keine schöne Geschichte, keinen Kuss auf die Stirn oder die Wange. Stattdessen lernte ich zu schlucken. Das ganze klebrige Zeug. Damit es keine Flecken gibt und Mama nichts merkt. Wobei die wohl auch nichts gemerkt hätte, wenn er mich auf dem Küchentisch gefickt hätte, während sie sich ums Essen gekümmert hätte.

Es ist schon voll komisch. Das Ganze ist Jahre her, aber vergessen kann ich es nicht. Es verschwimmt auch nicht. Noch immer sehe ich ihn, sehe sein Grinsen, wenn er kam, und spüre ich das seltsame Gefühl im Hals.

Die Zeit heilt alle Wunden – totaler Scheiß!

Was ist schon Zeit? Zeit ist gestern und heute und morgen. Gestern war mein Leben beschissen, heute ist es zum Kotzen und morgen bin ich vielleicht tot.

Ich blicke mit einem Lächeln in die Zukunft.

Wenn es Gott wirklich gibt, er würde mir diesen Wunsch doch erfüllen, oder? Nur weil ich all das getan habe, bin ich doch kein schlechter Mensch!

Ich habe schon irgendwie Angst vor dem Tod. Also nicht vor dem Tod direkt. Warum sollte man davor Angst haben? Es wäre ja das Ende meiner Qualen. Ich denke mir halt, wenn ich tot bin, ist alles zu Ende. Kein Himmel, keine Hölle, kein ewiges Leben oder so. Kein Nirvana, die Mucke ist eh total beschissen, was soll ich also da?!

Das Einzige, was noch passiert, ist, dass ich von irgendwelchen unaussprechlichen Insekten aufgefressen werde. Davor muss man keine Angst haben.

Aber ich habe trotzdem Angst ... Angst vorm Sterben, also davor, wie es ist, wenn man tot wird. Der Weg dahin macht Angst ... manchmal. Denn ich weiß nicht, wie der Weg ist. Dann lieber Drogen und ficken, das ist ein Tod auf Raten. Den Weg kenne ich. Das ist in Ordnung. Jedes Mal, wenn du was nimmst oder mit einem Kerl fickst, der locker dein Vater sein könnte, stirbt ein Teil von dir. Die Seele zuerst.

Am Schluss das Gehirn ... und das Herz.

Wenn man Drogen nimmt, schläft man nicht mehr so viel. Man isst auch nicht mehr. Die Drogen schlafen für einen und sie essen für einen. Das ist cool, denn sonst könnte ich nicht auf den Strich gehen und gleichzeitig versuchen, die Schule zu schaffen. Es spart Zeit!

Ich bin eigentlich keine schlechte Schülerin. Auf Drogen schaffe ich die Schule. Ich schreibe meistens Zweier, manchmal eine Drei. Schlechter wird's nur, wenn ich nichts genommen habe.

Wenn ich schlafe, so meine drei, vier Stunden, dann ist das voll abgefahren, weil ich zwar aufwache, aber eben nicht richtig, sondern vom Schlafen in die Drogen reinwache.

Plötzlich war diese Szene wieder in meinem Kopf, ich meine, einfach da. Da war plötzlich das Denken in meinem Kopf. Ich muss aufpassen, denn wenn ich anfange zu denken und wenn ich dabei nicht auf Drogen bin, weiß ich, dass da nichts Gutes dabei rauskommt. Aber momentan bin ich drauf, da ist das ~~total~~ okay.

Mama hat mir einen Spiegel in mein Zimmer gehängt. Damit ich nicht immer ins Schlafzimmer gehe und mich da anziehe. Scheißspiegel! Ich hasse Spiegel.

Die zeigen einem, wie hässlich man ist. Ich benutze den Spiegel im Schlafzimmer gar nicht. Ich will nur bei meiner Mama sein. Ich will sie liebhaben! Und sie soll mich liebhaben. Aber die versteht das voll nicht. Die sagt dann nur: «Hau ab! Und heute will ich dich nicht mehr sehen!»

Ich kann sie verstehen. Ich wollte mich auch nicht haben. Ich will mich auch nicht sehen. Doch ich bin nicht nur mein Spiegelbild, ich bin ich! Ich bin mein Hass!

Aus meinem Schminkspiegel hole ich die Rasierklinge und suche mir eine schöne Stelle aus. Ritzen tut gut. Es ist therapeutisch, denn man zeichnet die Narben auf die Haut, die auf der Seele keinen Platz mehr haben.

LEERE SEELE

DUMME SCHLAMPE

Außerdem zeigt es mir, dass ich noch nicht komplett aus Drogen bestehe, mein Blut ist immer noch rot.

Wenn man auf dem Straßenstrich abhängt, dann kennt man sich. Besonders, wenn man nicht volljährig ist. Man hat ja die gleichen Probleme. Was man tut, ist illegal, das heißt, wenn die Polizei kommt: rennen! Und ich war in Sport schon immer schlecht.

Manchmal wollen die Männer auch zwei Mädchen oder eine normale (alte) Nutte und ein Kind. Das ist immer besser als alleine, denn wenn man zu zweit ist, dann sind das meist die soften Kerle, die zugucken wollen, wie man es sich gegenseitig besorgt.

Und wenn du dann die andere leckst und immer rumschreist, wie geil das doch ist, so 'ne Kinderpussy wie deine eigene zu lecken ... wie toll das doch ist, oh ja! Und man muss sich gegenseitig anfassen und auch das toll finden.

Aber das ist schon okay, ich meine, immer noch besser, als angepisst zu werden oder so einen Typen zu ficken. Es tut nämlich nicht weh!

Es ist nur ... abartig, eklig und krank! krank krank krank

Scheißwelt!

Und dann sollen wir uns drum streiten, wer ihm zuerst einen blasen darf oder wer zuerst in die Fresse gewichst bekommt. Ich verstehe nicht, warum so viele Kerle auf so was stehen. Aber ich bin kein Kerl und ich mag Männer auch nicht! Ich weiß warum!

Blut, Pisse, Sperma: mein Leben

Auf der anderen Seite ist so ein Ding zu dritt auch wieder voll Scheiße, denn die könnte dich ja abziehen. Vielleicht klaut dir die andere deinen Stoff oder dein Geld, während du gerade

MÄNNER: HÖLLE

blasen musst oder so. Oder wenn du nicht aufpasst, steckt sie schon das Geld für beide ein, sagt dir aber nichts davon. Und du machst deinen Job [illegible] und sie schaut, dass sie schnell wegkommt, und du stehst am Schluss ohne Kohle da! Das klingt jetzt voll paranoid. So bin ich eigentlich gar nicht. Aber einige Tussis sind so drauf. Viele sagen bei so einer Aktion immer: «Wir sind doch verbündet! Wir müssen zusammenhalten! Wir haben den gleichen Typen abbekommen! Lass uns das durchziehen und dann Drogen nehmen.» Und manchmal ist das dann auch genau so. Manchmal aber auch nicht.

Wenn ich mit einer anderen zusammen einen Freier mache, dann ist sie ja meine beste Freundin – na ja, auf Drogen hat man keine Freunde – aber zumindest nach außen hin sind wir beste Freundinnen. So was schweißt zusammen. Man kann nicht nur Drogen teilen, auch Erinnerungen und Gedanken.

habe ich Freunde?

Aber recht schnell verblassen die Erinnerungen. Dann sind es nur noch die Drogen. Immer wieder kommt sie dann her und fragt mich, ob ich was habe und ob wir nicht teilen wollen. Und ich sage nicht nein, wenn ich was habe. Dann nehmen wir gemeinsam was. Und das geht so lange, bis ich nichts mehr habe. Dann sehe ich sie auch mal mehrere Tage nicht. Dann ist die Freundschaft wieder weg. Bis der nächste Freier kommt und sich wieder zwei Mädchen schnappt.

will ich Freunde?

Ich meine, wenn da so eine Tasche rumliegt mit Geld oder Crystal drin, das ist schon verlockend.

Eigentlich ist der Dreier doch Scheiße, denn du hast Angst, beklaut zu werden, und bist dann nicht bei der Sache. Und das heißt, der Freier ist unzufrieden, weil du nicht genügend rumschreist, wie toll es doch ist und wie gut er ist und so, und dann bezahlt er weniger oder wird wütend.

Egal, jedenfalls hat mir mal eine Freundin einen Tipp gegeben. Da gäbe es einen Typen, der würde sehr gut bezahlen und man müsste es nicht draußen machen.

Ich habe gedacht, das ist cool, und so gab sie ihm meine Nummer und ein paar Tage später rief er mich an. Dann kam er eines Abends am Straßenstrich vorbei, um mich abzuchecken. Ich war eigentlich schon auf dem Weg nach Hause, denn morgen war ja Schule, da hielt das Auto neben mir und der Typ grinste mich an.

kinder strich kinder strich

ritzen drogen ritzen drogen

Kapitel 3 – Der Wecker

Ja, mir haben Kunden schon mal was geschenkt.

Mal ein Blüschen, mal eine Handykarte oder halt normale Klamotten, nicht oft, aber manchmal haben die mir was geschenkt. Ich freu mich dann drüber ... aber wenn die Klamotten hässlich sind, schmeiße ich sie weg.

Ach ja, Kondome habe ich auch mal geschenkt bekommen.

Ein wirklich sinnvolles Geschenk, das meine ich ehrlich.

Und mal einen Lackrock ... und der hat mir sogar gepasst. Ich meine, das war schon was Besonderes, denn so erotisches Zeugs, das mir passt, ist schon voll selten. Ich meine, wer stellt schon Lack-Klamotten in Kindergrößen her.

XXS Wobei, mittlerweile ist das nicht mehr so schwierig wie früher. Viele bieten jetzt diese XXS-Größen an. Das sind Kindergrößen oder die Größen von ~~schl~~kotzenden Models ... oder eben die Größe des Babystrichs. Wobei Heroin übelst fett macht. Nur Koks und Crystal halten wirklich schön schlank! Oder Magersucht. Die Kombination von beidem ist natürlich der Bringer!

Scheinbar gibt es Bedarf. Aber ich darf mich nicht beschweren. Der Rock war schön und er passte.

Als mir der Typ den Lackrock schenkte, habe ich mich voll gefreut. Vor allem eben, weil er mir passte. Das fand ich so cool. Da habe ich mich natürlich artig bei ihm bedankt und habe mit ihm geschlafen, so wollte ich auch ihm eine Freude machen.

Das ist doch klar: Wenn er dir Geld gibt, will er mit dir schlafen. Wenn er dir Geschenke gibt, will er auch mit dir schlafen, oder? Das ist halt meine Art, danke zu sagen.

und darüber haben sich die männer eigentlich nie beschwert!

Worte sind leer

Du möchtest doch, dass ich Freude an deinem Geschenk habe, das sage ich den Leuten immer, wenn sie mich fragen, was sie mir schenken sollen. Denn wenn ich Freude habe, wirst du sie auch haben.

Ich habe zwar, während er in mir war, nur an den Rock gedacht, aber das war schon in Ordnung, glaube ich, denn schließlich denke ich sonst ja auch nicht an meine Freier. So habe ich zumindest an sein Geschenk gedacht.

Ich glaube, näher kann mir ein Freier nur sein, wenn er mir richtig Angst macht.

Nur dann ist das kein normales Gefühl, kein UNgefühl, kein Ich-fühle-ihn-nicht-und-das-ist-gut-Gefühl, sondern dann habe ich Angst und das ist kein gutes Gefühl.

Angst ist Scheiße. Besonders, wenn man auf Drogen ist. Dann kann sich das Ganze schnell in einen Horrortrip verwandeln. Das ist immer das Schlimmste: Du gibst Geld aus, um gut drauf zu sein, und stattdessen geht es so tief bergab, dass um dich herum nur Panik ist.

Heute wollte mein Freund vorbeikommen. Manchmal nenne ich einen so. Und dann rede ich mir ein, dass es okay ist, ohne Bezahlung mit ihm zu ficken. Ich habe mich so auf ihn gefreut. Er kam extra aus Düsseldorf zu mir. Ich habe zwei Kunden abgesagt und bin nach Hause gefahren, um mich für ihn hübsch zu machen. Dann bin ich zum Bahnhof gestiefelt, um ihn abzuholen. Keine Zeit verlieren! Er ist ja nur so selten da.

Er hat mich an der Hand genommen und wir sind in den frühen Abend spaziert. Das war so schön.

Als er wieder meine Hand nahm, hatten wir kaum ein Wort gewechselt, aber dafür hatte er in mir abgespritzt, hatte mich gefickt.

Wieder am Bahnhof, keine drei Stunden später, habe ich ihn gefragt, ob er denn noch mein Freund sei. Er sagte nur: «Na klar bin ich dein Freund! Und damit das so bleibt, musst du lieb zu mir sein ... Schließlich bin ich dann auch mal lieb zu dir.»

Die Welt ist Konsum, Baby.

Entweder du bist Konsument oder du wirst konsumiert.

Ich bin leer. Mein Körper ist taub. Ich fühle nichts, damit andere fühlen können.

Ich habe dann meine Kunden angerufen. Irgendwo muss das Geld ja herkommen.

ich bin konsum gu

Das geht voll schnell, dass man seine Stammkunden hat. Ich meine, die denken vielleicht, die war gut ... oder: Boah, die macht's für so wenig Geld, da geh ich wieder hin! Und mit der kann man so viel machen. Ich meine, viele zieren sich und machen nur das Standardprogramm, aber ich war da anders. Ich habe eigentlich von Anfang an fast alles gemacht.

Ich mache fast alles.

Keine Ahnung, warum. Ich dachte mir, dann bekomme ich Geld und kann mir Drogen kaufen! Außerdem ist es doch so: Ich bin ein kleines Mädchen. Ich habe eine zierliche Figur, wiege keine vierzig Kilo, was schon nicht schlecht ist, aber das Fett schwabbelt noch immer an mir, und bin nicht groß. Wenn ein Typ ankommt und sagt, er will dies oder das mit mir machen, was soll ich da tun?

mach was du willst egal

Der macht mit mir, was er will! Und bevor er mir eine scheuert und mein Gesicht noch mehr kaputtmacht als mein Vater, sage ich lieber: «Okay.»

Und wenn du eben das machst, was die wollen, dann sind die zufrieden.

Dann gibst du denen deine Nummer und das war's. Manche kommen dann alle paar Tage wieder, manche kommen nur alle paar Monate wieder, aber das halt jahrelang.

STAMMKUNDEN.

Das ist schon ganz cool, denn du weißt ja jetzt, wie die so sind und was die wollen. Das macht es oft einfacher, manchmal kann man sich sogar auf einen Stammkunden freuen, wenn der einen kleinen Schwanz hat oder immer nach zehn Minuten kommt. Dann ist das leicht verdientes Geld im Vergleich zu manch anderen.

Aber die kennen dich halt auch besser, wissen, dass du Drogen brauchst und bereit bist, dafür alles zu tun. Einige von ihnen brauchen nicht lange, dann trauen sie sich alles.

«Du bist Natascha?»

«Ja.»

«Karo hat mir von dir erzählt.»

«Die Karo is' 'ne voll Liebe.»

«Was machst du alles?»

«Wenn du mich bezahlst, mache ich alles.»

TIERE können nichts dafür. menschen schon

«Wirklich alles?»

«Hey, ich lüge nicht, jedenfalls nicht jetzt. Wenn du mich bezahlst, mache ich alles, was du willst.»

«Hast du schon einmal mit Tieren?»

«Nein. Nur einmal zugesehen.» War ziemlich krasse Scheiße! Der arme Hund.

«Machst du noch immer alles?»

«Ja, alles. Auch mit Tieren, wenn du willst.» Mann, die Drogen machen einen fertig.

«Das war nur ein Test. Ich bin doch nicht pervers.»

ich bin voll drauf voll
CRYstal

«Okay.»

«Komm, steig ein. Fahren wir ein Stück.»

«Okay.»

Der Rektor – so hieß der Kerl oder wenigstens nannten ihn am Strich alle so – war ein Riese. Er war geschieden, sprach von seiner Frau aber immer so, als wäre die Scheidung erst zwei Wochen her. Er nannte sie seine Ex-Alte.

Und er hatte total dreckige, riesige Hände. Bestimmt war er Heizer in einer Fabrik oder Bauarbeiter. Die Fingernägel waren abgekaut und tiefschwarz, der Dreck saß fest auf seinen Fingern und Händen. Dazu kam die gelbliche Färbung zwischen den Fingern durch das viele Rauchen.

«Wohin fahren wir?»

«In die Wohnung meiner Mutter. Da sind wir ungestört.»

«Auf was stehst du denn?»

«Hat dir Karo nichts erzählt?» Er grinste breit in die dunkle Nacht, die draußen an uns vorbeizog.

«Schon. Sie sagte, du magst Spiele.»

«Spiele?» Er schwieg lange und ich hatte schon Angst, etwas Falsches gesagt zu haben. «Spiele hat sie gesagt? Das ist gut. Ja, Spiele mag ich.» Dann lachte und hustete er und drückte die Zigarette im überquellenden Aschenbecher aus, sodass die Kippe in den Fußraum fiel.

Ich dachte mir nicht viel dabei, denn meine Kunden benehmen sich oft sehr seltsam. Vielen ist das voll peinlich, ein Kind anzuquatschen und es dann zu ficken oder sich einen blasen zu lassen. Ich denke mir dann immer: Dann lasst es doch bleiben, ist eh besser so! [illegible]

Die anderen benehmen sich wie die letzten Psychopathen, einfach total bescheuerte Freaks. Der Rektor gehörte wohl in die letzte Kategorie.

Rauchen is doof!

Okay. Jetzt hieß es ruhig bleiben. Spiele spielen, das war sein Ding. Karo hätte mich gewarnt, wenn der Kerl wirklich gefährlich wäre ... oder?

blöde zicke

Es geht bestimmt um Doktorspiele oder ich bin seine unartige Schülerin, die mal ordentlich gezüchtigt werden muss ... Ihr Männer steht doch auf so was!

Mir ging es etwas besser. Schülerin ist einfach. Das ist meistens nur blasen, anfassen und vielleicht noch ein kleiner Fick am Schluss.

Doktorspiele ... da kommt es drauf an, ob ich die Untersuchte bin oder er.

Irgend so ein Arschloch wollte mir doch tatsächlich in seiner Keller-Perversklinik die Fotze zunähen! Da habe ich es gerade noch geschafft abzuhauen, bevor er die Nadel ansetzte. Ich habe meine Tasche geschnappt und bin nur mit Schuhen, Slip und eben meiner Tasche – da sind meine Drogen drin – abgehauen. Das war eine beschissene Nacht.

Plötzlich hielt der Rektor an.

Eine Zigarette hing in seinem Mundwinkel und Asche fiel auf seine Jacke. Er wand sich in seinem Sitz und zog sein altes, speckiges Portemonnaie hervor und drückte mir hundertfünfzig Euro in die Hand.

Hundertfünfzig Euro! Einen Hunderteuroschein und einen Fünfzigeuroschein!

«Steck's weg! Los! Wir sind gleich da. Wenn wir drin sind, sieht es folgendermaßen aus: Wenn du noch was ziehen musst, dann mach es jetzt. Drin will ich dich nicht jammern hören von wegen, ich muss noch was nehmen, okay? Zweitens, das Geld ist für eine Stunde. Mehr gibt es nicht. Nachverhandelt wird nicht. Gummi ist okay. Und ich will die ganze Stunde. Nicht mehr, aber eben auch nicht weniger!»

ICH AUCH!

Ich nickte, war geistig abwesend, dachte nur an das viele Geld. Cool!

Nur eine Stunde Arbeit!

Normalerweise waren das drei bis vier Freier! Manchmal auch mehr, aber irgendwie versucht man ja, sich einen Standard zu erarbeiten. Danke, Karo. Der Rektor war ein guter Tipp. Hundertfünfzig Euro!

Das war sonst ein Tag anschaffen.

Da hast du schon mal was geschafft!

Er ließ den Motor wieder an und wir erreichten ein kleines, freistehendes Haus, schäbig, die Wetterkacheln waren beschädigt und das Dachfenster kaputt. In so einem Loch würde ich nicht wohnen wollen. Ich will eine Villa haben mit sieben Schlafzimmern, sodass ich jeden Tag in einem anderen Bett schlafen kann. Und einen Pool soll mein Haus haben. Ich kann zwar nicht schwimmen, aber der Pool zeigt ja allen, ich kann mir so was leisten! Also ist ein Pool ziemlich cool!

Ich zog noch etwas, dann gingen wir hinein.

Ich spürte, wie ich begann, nichts mehr zu spüren.

Alles wurde leicht und ich lächelte ihn an: «Was soll ich sein? Deine unartige Schülerin oder lieber die Frau Doktor ... oder soll ich die kleine, hilflose Patientin sein, gefesselt auf dem Stuhl, damit du alles mit ihr machen kannst?» Mann, das Zeug ging voll ab. Was quasselte ich da für einen Mist?

«Nein, nichts von alledem. Ich stell mir lieber vor, dass ich dich auf dem Weg nach Hause gekascht habe. Und jetzt werde ich dich vergewaltigen.»

Er schob mich ins Bad und machte das Licht aus.

«Stell dir vor, ich habe dich in den Wald verschleppt und werde dich jetzt vergewaltigen. Es ist dunkel, du bist mutterseelenallein und keiner kann dir helfen.»

shit!

Da packte mich plötzlich eine Hand von hinten, seine riesige Pranke war auf meinem Gesicht, er riss mich herum, drückte mich zu Boden und seine anderen Finger verschwanden unter meiner Wäsche. Diese riesigen, dreckigen Finger!

DRECK SCHMUTZ EKEL

Der Kerl war riesig. Breit gebaut, dick und groß, sehr groß. Bestimmt über eins neunzig!

Wenn er wollte, er könnte mich problemlos zerquetschen. Ich spürte seinen Schwanz in der Dunkelheit, seine Hand, die er mir immer wieder auf Mund und Nase presste, damit ich keine Luft mehr bekam. Und immer wieder, immer wieder stellte er mir die gleichen Fragen, sagte dasselbe: «Du willst doch, dass ich weitermache, oder? Du magst es doch auch? Los, sag schon, dass du es brauchst!» Ich wusste nicht, was er von mir hören wollte. Sollte ich sagen, was ich sonst auch immer sagte: «Ja, das ist wirklich wunderbar. Mein kleiner Kinderkörper braucht deinen großen Männerschwanz. Du machst es toll. Besser als alle vor dir.» Oder ob ich eben als Vergewaltigungsopfer schreien und mich wehren sollte. Er wurde lauter und lauter, schrie mich an, seine Hände gruben sich in mich und er hielt mich, würgte mich, fickte mich ... Die Drogen taten ihr Übriges.

Ich bekam Panik.

Angst.

PANIK PANIK

ANGST ANGST

Ich wollte raus aus dieser Hölle. Dieser Kerl war doch total ausgetickt. Er hatte mir zwar gesagt, dass er für eine Stunde bezahlte, aber so wie er in Rage war, würde ich diese Stunde nicht überleben!

Und ich glaubte nicht, dass der Kerl auf die Uhr sah, so wie der abging.

Das war kein ‹Spiel› mehr!

Ich sah mich schon als reales Vergewaltigungsopfer, irgendwo in einem Waldstück abgeladen, von den Tieren des Waldes weiter *verstümmelt* und irgendwann von einem spazieren gehenden Rentnerpärchen gefunden, wo [illegible]ter dann ganz betreten dreinschaut, weil er mich auch schon einmal bezahlt hat.

Ich begann mich zu wehren. Ich versuchte, ihn von mir runterzuschieben, ihn wegzudrücken. Aber das war natürlich sinnlos. Der Typ war ungefähr drei- bis viermal so schwer wie ich, mehrere Köpfe größer und viel stärker.

Ich begann zu schreien und zu fluchen und dazwischen wimmerte ich immer wieder. Ich hatte das erste Mal wirklich Angst um mein Leben. So wollte ich nicht sterben. Nicht unter diesem ekligen Kerl mit diesen dreckigen, wurstigen, riesigen Fingern!

Ich hasse es zu schwitzen. Ich hasse es, wenn Männer schwitzen, und besonders, wenn sie auf mir schwitzen. Wenn dann diese kleinen Tropfen Schweiß größer werden, an der speckigen Unterseite ihres Bauches runterlaufen und schließlich auf mich tropfen. Das ist schlimmer als das Ficken. Das ist wirklich eklig. Und wenn die dann auch noch dreckig sind wie der Rektor …

Ich schrie immer weiter, ich glaube, meine Stimme überschlug sich.

Genau darauf hatte er gewartet. Jetzt ging es richtig los. Er grunzte fast nur noch, hielt mit einer Hand meine Arme fest, mit der anderen versuchte er immer wieder, meinen Mund zuzuhalten, und sein mächtiger Unterleib drohte mir alle Knochen im Leib zu brechen.

Für den Fall, dass ich diesen Geisteskranken überleben sollte, gab es aber noch ein weiteres Problem: Nahm der Kerl ein Kondom? Ganz abgesehen von den ganzen Krankheiten hatte ich keine Lust, schwanger zu werden!

Es war dunkel und spüren konnte ich es ja nicht, Heroin sei Dank. Wenn ich drauf bin, spüre ich nicht einmal genau, ob ein Kerl ihn mir vorne oder hinten reinsteckt.

Heroin ist da ganz komisch.

Ohne Drogen tut es höllisch weh, wenn ein Typ in mir drin ist. Aber auf Heroin finde ich es übelst geil ... na ja, übelst okay, wenn die Typen ganz tief, also wirklich tief in mir drin sind.

Auf Crystal merke ich gar nichts mehr. Arschficken ist dann auch okay. Du spürst dann, dass da jemand ist, der Typ bewegt sich ja, da bewegt sich ja was in dir. Aber mehr fühlst du nicht.

WO BLEIBT DER SCHMERZSTILLSTAND?

Angst Stopp gesucht ...

Mein Herz raste und ich sah einen Teil meines Lebens in schattigen Zerrbildern vor meinem geistigen Auge vorbeiwabern.

ATEMNOT und keine Tränen nicht einmal ich kann um mich weinen

Dann legte er sich mit seinem schweren Körper auf mich drauf, stützte sich nicht mehr ab, als wollte er mich erdrücken. Auf Heroin bekomme ich eh schon relativ wenig Luft, aber mit diesem Kerl auf mir ... mir wurde ganz komisch.

Das war doch nicht nur Show. Noch nie hatte ich so einen krassen Typen.

«Warum weinst du nicht?», hörte ich plötzlich seine ächzende Stimme ganz dicht vor meinem Gesicht. Sein Atem stank nach Rauch und altem Essen. Mir wurde übel. «Ich werde nachher die Bullen rufen und denen erzählen, dass du versuchst, Drogen zu verticken, du kleine Schlampe!», raunzte er mich an. Ich konnte nichts sehen, nur hören und riechen und nicht atmen.

Durch die Drogen hindurch versuchte ich zu verstehen, was er mir da sagte: Er würde die Bullen rufen.

Wenn die mich mit Drogen erwischen würden, dann hätte ich wirklich ein Problem. Vergewaltigt und danach der Polizei übergeben. Die würde es einen Scheiß interessieren, ob mich der Kerl vergewaltigt hatte. Die würden die Drogen sehen und einen einfachen, schwer arbeitenden Mann und würden wohl das Richtige tun, also was in deren Augen das Richtige war.

Ich kämpfte um mein Leben. Versuchte, unter ihm rauszukommen. Ich schrie und zappelte, zumindest fühlte es sich für mich so an.

Immer wilder bewegte er sich auf mir, drückte seinen fetten, verschwitzten, dreckigen Körper auf mich und mit einem Mal wurde alles ganz leicht. Ich dachte, ich schwebe ...

TICK TICK TICK TICK TICK TICK TICK TICK TICK TICK TICK TICK TICK TICK TICK TICK TICK
TICK TICK TICK TICK TICK TICK TICK TICK TICK TICK TICK TICK TICK
TICK TICK TICK TICK TICK TICK
TICK TICK TICK TICK TICK TICK TICK TICK TICK TICK TICK TICK TICK TICK TICK TICK TICK TICK TICK TICK TICK TICK TICK TICK

Entfernt hörte ich das schnelle, helle Schlagen eines Weckers.

Einen Augenblick später ging das Licht an und der Kerl stand über mir, reichte mir eine Hand und half mir auf meine wackeligen Beine. Ich musste mich erst mal hinsetzen und verfehlte um ein Haar den runtergeklappten Klodeckel.

Rosa Plüsch am Hintern.

STARKSTROM im KOPF

Es dauerte eine Zeit, bis ich verstand, dass es vorüber war. Er hatte schon wieder seine Hose an, grinste breit und zufrieden: «Wenn du duschen willst, lass dir Zeit. Kannst auch noch was ziehen. Hier stört dich keiner. Willste'n Kaffee oder so was? Ich bring dich gerne auch zur Straßenbahn.»

Ich war noch gar nicht richtig zurück in dieser Welt, nickte und er ließ mich im Bad alleine.

Dann war ich irgendwann in der Dämmerung meiner Stadt alleine.

Am Leben.

Alive

Mit hundertfünfzig Euro!

mit Geld

Sehr gut.

Der Rektor wurde einer meiner Stammkunden. Immer wieder holte er mich mit dem Auto ab, fuhr mit mir in die Wohnung seiner Mutter und wir spielten. Ist schon merkwürdig. Kaum einer nimmt mich mit nach Hause. Es ist immer die Wohnung eines Kumpels oder die der Mutter ... abgefahren!

«Mama, ich bin wieder da!»

«Ach, lieber Junge, du bist aber spät.»

«Ja, war noch kurz einkaufen auf'm Babystrich!»

«Und? Was Passendes gefunden?»

«Mal sehen, die Kleine hier! Schau. Ist doch niedlich.»

«Na dann viel Spaß! Essen gibt es in zwei Stunden, ich hab mit dem Schweinebraten noch gewartet.»

TICK

«Super. Nach so ’nem schönen Fick hab ich bestimmt Hunger! Kann sie mitessen, wenn sie gut war?»

Oder wie soll ich mir so was sonst vorstellen?

Voll krank!

Irgendwie ist auf den Strich gehen wie ... Das ist wie Autofahren ... man macht es einfach. Autofahren in der Stadt, genau. Da gibt es Dinge, die du total oft machst, erster Gang, zweiter Gang, dritter Gang, an der Ampel stehen und so. Das ist bei mir das Blasen, der Arschfick und das normale Ficken, meistens von hinten, und Natursekt, also Anpinkeln. Was die Kerle halt wollen und daheim nicht kriegen.

Und dann gibt es aber so Typen wie den Rektor. Das ist wie Vollgas in der Rushhour. Der hat mich auch mal zu Kaviar eingeladen. Nein, kein leckeres Essen für die noble Gesellschaft. Er wollte mich ankacken.

Ich sollte sein Klo sein! Das ist schon heftig. Der hat sich einfach hingehockt und hat geschissen. Mit Natursekt komme ich noch echt gut klar, aber Scheiße ... das ist dann schon zu heftig!

Als er es dann auf mir verteilen, mich damit einschmieren wollte, habe ich Panik bekommen.

So stark kann keine Droge sein, dass ich so was gut finde oder auch nur ignorieren könnte. Als er mit dieser breiigen Masse über mir stand, bin ich abgehauen.

Das war das Ende dieser Partnerschaft.

Ich habe dann einer Freundin von mir einen Tipp gegeben. Sie solle sich doch mal bei dem Typen melden. Er würde gut zahlen und er wolle Spiele spielen.

Um noch einmal auf die Geschenke zurückzukommen: Dankbar sein ist, wenn ich mit denen schlafe. Wenn mir jemand etwas schenkt, dann will ich ihm auch etwas geben. Das gehört sich so.

Das ist doch generell so, wenn einem jemand was schenkt, dann heißt das doch: Du musst mit dem schlafen, denn er hat dir was geschenkt!

Wenn ich das nicht tun würde, wäre ich doch sehr undankbar. Und das bin ich nicht. Ich bin nett und ich bin dankbar. Und ich habe gelernt, dass viele Leute Wert darauf legen, dass man danke sagt.

Ich meine, sonst hätte ich momentan keinen Freund.

Alles in allem bekomme ich sehr gerne Geschenke. Ich liebe diese Zirkonsteine, auch Schmuck mit dem Playboy-Häschen finde ich toll. Das Häschen ist für mich so was wie ein Traum: Einmal Model sein, einmal in einer Zeitung abgebildet sein und dafür endviel Kohle kassieren. So über die Laufstege spazieren, stolz darauf sein, einen makellosen Körper zu haben. Ein Playboy-Bunny zu sein. Vielleicht nur das. Das wäre ein Anfang.

Kapitel 4 – Das Universum

Es gab eine Zeit, da haben sich wirklich viele Menschen um mich gekümmert. Da fühlte ich mich umsorgt.

Das war eine tolle Zeit.

Die haben immer meinen Namen benutzt, wenn sie mit mir gesprochen haben, und nicht Worte wie

FOTZE SCHLAMPE NUTTE MISTSTÜCK. FOTZE FOTZE FOTZE

Das war schön.

Es war eine schöne Zeit.

Die Leute waren nett und haben sich um mich gekümmert. Und manchmal hatte ich das Gefühl, dass es sogar etwas mehr Zuneigung war, als sie geben mussten. Mehr, als es der Job verlangte.

Ich hatte mich im Bad fertiggemacht und war zur Beobachtung ins Krankenhaus eingeliefert worden.

Kein Mensch weiß, warum meine Mutter ausgerechnet in diesem Augenblick aufs Klo musste und mich fand.

Am allerwenigsten ich. Und was mich im Nachhinein wirklich überrascht, ist, dass sie wirklich Hilfe geholt hat und mich nicht in der Wanne verbluten ließ.

Vielleicht war ich aber auch nur zu doof, den Schnitt richtig zu machen, sodass das ganze Blut auch wirklich ausläuft. Keine Ahnung.

kleiner Dummkopf.

An den Tag habe ich keine Erinnerung mehr. Alles weg. Verschüttet.

Dafür an die Zeit davor. Also weiß ich noch, warum ich mich umbringen wollte, ich weiß aber nicht mehr, ob es wehtat.

BLACKOUT

Das Leben ist eine Einbahnstrasse. Abwärts

Ich hatte kein Geld mehr und war kurz vor dem totalen Absturz. Ich brauchte was.

Mein Ticker hätte mich ohne Geld nur ausgelacht. Sex hätte auch nicht funktioniert, denn er ist ja auch so eine Art Zuhälter für mich und hat damit ja sowieso immer das Recht, mit mir zu ficken. Ich meine, er ist kein wirklicher Zuhälter, ich muss halt mit ihm schlafen, wenn er will, und manchmal bringt er mir Kunden.

Er fickt mit mir, weil ich schließlich funktionieren muss, und das überprüft er regelmäßig. Am Anfang hieß das zureiten, danach war es einfach ficken. Ich war froh, als das Zureiten vorbei war.

Er hat mir mal gesagt, dass das ist wie bei einem Bäcker, der seinen Ofen kontrolliert. Dem Ofen ist es ja auch egal, was man in ihn reinsteckt.

Auf jeden Fall hatte ich absolut keine Lust, wieder anschaffen zu gehen – ich hatte damals wohl noch Ideale und sogar so was wie Stolz, vielleicht war es aber auch nur eine Phase. Jedenfalls wollte ich nie wieder anschaffen gehen, der Ekel war zu stark. Diese ganzen widerlichen, stinkenden Kerle, die schwitzend, grunzend und furzend auf einem liegen, das Fett der Bierbäuche klatscht auf meinen Bauch und meine Brüste, pfui! Nie wieder, dachte ich.

ihr seid so widerlich. schlimmer als ... keine ahnung

hoppla egal

Aber woher sollte nun das Geld für die Drogen kommen? Es reichte vorne und hinten nicht. Also was tun?

Der Teufelskreis war ja: Ich konnte nur auf den Babystrich, wenn ich auf Drogen war. Anders ist das nicht auszuhalten. Die Schmerzen, der Ekel, keine Chance, da ohne Drogen durchzu-

* oneway
downhill
dead en

kommen. Umdrehen und der widerlichen Freierfratze geben, was sie will, ohne dass ich weit weg sein konnte ... ein Seelenfick sozusagen. Du bist da, ganz nah, spürst die Bewegungen des anderen, hörst ihn, riechst seinen Atem, seinen Schweiß.

Du spürst, wie falsch das Ganze ist, dass du viel zu klein bist für einen erwachsenen Mann, schmeckst das salzige Sperma, das du schlucken musst – wenn du so blöd bist und es ohne Gummi zulässt, aber wenn du Drogen brauchst, und ich meine, wirklich brauchst, ist das Nebensache – und kotzt nur noch ab über diese beschissene Welt, in der du leben musst.

Als es so weit kam, dass kein Geld mehr für Drogen da war und ich aber auch nicht mehr drauf war, wurde es wirklich hässlich. Klar, mein Ticker hätte mir für den ersten Kunden wieder was gegeben, aber da war halt auch noch dieser Funke ... Irrsinn? Stolz? Mut? Keine Ahnung. Außerdem wollte ich ihm aus dem Weg gehen. Keine Ahnung, woher der Gedanke kam, aber plötzlich war er eben da. Meide die Bekannten aus dem Drogenmilieu, dann schaffst du es vielleicht, clean zu werden. Blödsinn.

Eine Sackgasse.*

Und deshalb dachte ich irgendwann, wenn ich mich umbringe, dann hat keiner mehr Stress wegen mir. Und auch ich hätte dann weniger Stress. Ich würde meinen Zuhälter nicht vollheulen und ihm auf der Tasche liegen. Meine Mutter könnte besser von dem bisschen [illegible] Arbeitslosengeld leben, wenn ich ihr nicht mehr die Haare vom Kopf fresse, und überhaupt: Wer braucht mich denn auf dieser Welt?

Ich bin eine kleine, dumme, drogensüchtige Fotze, und das ist das wohl Wertloseste, was es geben kann auf dieser Welt. Also, was soll's. Ich wollte mich auch nicht mehr. Ich bin mir sicher, ich hätte mich nicht vermisst.

Ich habe mir ein Bad eingelassen, dann müsste Mama nur noch das Wasser rauslassen und das Bad wäre fast wie neu. So würde ich ihr keine großen Umstände machen, alles bliebe sauber.

Ich habe mir von meinem letzten Geld Schlaftabletten und Alkohol gekauft und ein Mittel gegen Erbrechen, damit die Tabletten drinbleiben.

Die Packung geschluckt, tiefe Schlucke Alkohol hinterher, und als es so richtig schön warm wurde in mir und das heiße Wasser mich umspülte, schnitt ich tief in die Unterarme. In Laufrichtung der Adern, eine schöne große Wunde, eine große Öffnung in mir. Nur wenn man längs schneidet, kommt das Blut, schneidet man quer kann das dickflüssige Blut nicht raus. Bald schon würde ich tot im Wasser liegen. Das Wasser wäre rot vom Blut und es wäre sicherlich ein geiles Bild in der Zeitung – wenn die ausnahmsweise mit Farbe drucken würden.

BLUT ÜBERALL BLUT ÜBERFALL

das messer

Ich musste lächeln bei dem Gedanken, es hatte etwas furchtbar Romantisches, nur dass es keinen Romeo gab bei mir, nur Kinderficker, blöde Freier und perverse Wichser. Das war nicht mehr so romantisch und ich schmeckte die Tränen, als ich die Augen schloss.

In meinem Kopf war ein Song von Skinny Puppy, doch es war kein bestimmter Song. Es war mein Song, mein persönlicher Song, bestehend aus allen gespielten Akkorden des Universums und allen Beats. Das ganze Universum bewegte sich im Takt meines Herzschlags und bald würde es stillstehen.

Ich würde das ganze beschissene Universum anhalten. Haltet euch gut fest!

Von der nächsten Szene bekam ich nicht viel mit, ich war gerade dabei, das Universum anzuhalten, und hatte nicht die Lust und die Zeit, mich um das zu kümmern, was in genau diesem doofen Stadtteil dieser Stadt, kleiner als ein Staubkorn verglichen mit der Größe des Universums, vor sich ging.

Aber es hatte was mit einer hysterischen Mutter, einem herbeigerufenen Rettungswagen und Drogen zu tun.

Das Universum stand nicht still, zu keiner Zeit. Es bewegte sich weiter und ließ mich alleine zurück. Fast so wie die Freier.

Die Welt ist ein Freier, der sich drückt, wenn es ums Bezahlen geht.

Scheißfreier, Scheißleben. Gefickt von der Welt. Betrogen um das, was ich in dem Moment wirklich wollte.

Irgendeiner hat mir erzählt, dass sich das Universum ausdehnt. Das glaube ich nicht. Denn um mich herum zieht sich alles immer mehr zusammen. Und wo ist Gott in diesem Universum? Wenn ich daran denke, dass sonntags wirklich Leute in den Gottesdienst gehen ... da krieg ich immer die Krise ...

Gott hat die Perversen gemacht.

Gott hat die Wichser gemacht.

Gott hat die Menschen nach seinem Ebenbild gemacht!

Gott hat auch die gemacht, die mich schlagen, mir wehtun.

Er hat die gemacht, die wegsehen, wenn ich schreie, weil es wehtut, und er hat die gemacht, denen ich sagen muss, dass ich ihre kleine Tochter bin und ich mich freue, wenn sie in meinem Mund kommen. Wenn ich sie dazu bringen muss, dass sie in meinem Mund kommen. Die meisten lieben es ja, mir ins Gesicht oder auf den Bauch zu spritzen.

MUND = KINDERSCHLUCKER

Dann hat wieder jemand seine Kinder auf mir entsorgt.

Das ist besser als in den Mund, das mag ich nicht. So viel Leben in meinem Mund, in meinem Bauch ... da fühle ich mich fett und schwanger, auch wenn die Säure in mir drin alles töten wird.

So viele Kinder, die nicht aufwachsen werden wie ich. Die abgewaschen werden.

Gott hat meine Eltern gemacht!

Und er hat auch mich gemacht. Das verzeihe ich ihm nie!

niemals!

Als ich dann aufwachte, lag ich im Krankenhaus. Und von dort wollte ich nie wieder weggehen. Dort haben sich die Pfleger und Schwestern um mich gekümmert.

Und ich wollte doch immer eine Schwester haben, am besten eine kleine, um die ich mich kümmern kann. Ich hätte mich so gerne um sie gekümmert.

Na ja, jedenfalls kümmerten sie sich da um mich. Das war schön. Die haben mich mit meinem Namen angesprochen.

Meine Mutter kam nur zweimal in den drei Wochen vorbei. Die Besuche waren nicht so schön. Da ich nicht alleine im Zimmer lag, musste sie dann immer so tun, als würde ihr etwas an mir liegen, was ihr sichtlich schwerfiel. Aber ich konnte sie beruhigen, denn ich glaubte es ihr nicht.

Aber bis auf die zwei Tage war es eine schöne Zeit, eine der besten meines Lebens.

Die wollten da unbedingt, dass ich den Entzug durchziehe. Die sagten, sie glauben an mich und dass ich es bestimmt schaffen würde.

Wenn man auf Drogen ist, hat einem jemand ein Extraleben geschenkt. Ein Leben, in dem es Schlafen und Essen nicht gibt.

Diese beiden Dinge spielen keine Rolle mehr. Wozu essen, ich habe doch meine Drogen! Wozu schlafen? Die Drogen sind doch da und passen auf mich auf. Und das zweite Leben verbraucht man mit seinem ersten ... gleichzeitig. Die Kerze brennt an beiden Enden, ein einziger Feuerball. Doch niemand will die Asche im Regen sein. Und so nimmt man wieder was, um das Feuer wieder zu entfachen. Mein Leben brannte lichterloh ... jahrelang. Kein Strohfeuer, ein verdammter Waldbrand!

Da fällt mir ein altes Gebet ein. Ich weiß auch nicht woher. Vielleicht von einem der Freier. Ich weiß nicht. Hab's vergessen. Aber bei Gebeten ist ja nur wichtig, dass man sie kennt, nicht woher.

Nun geh ich, lieber Gott, zur Ruh
Und schließe froh die Augen zu.
Für alles Gute Dank ich sag,
das du mir gabst an diesem Tag.
Weil du mein lieber Vater bist,
bleib bei mir, bis es morgen ist.

Da macht es keinen großen Unterschied, ob Gott bei dir ist oder ein Freier. Ich habe mir da immer gedacht: So was in der Art muss ich auch zu meinen Kunden sagen.

Es muss sich nicht reimen und danach muss ich nicht Amen sagen, aber auch da muss ich mich immer brav bedanken für den Sex und die Liebe, und die Kerle mögen es, wenn man sagt, bleib doch noch etwas, es war so schön ...

AMEN, ES WAR SO SCHÖN

Ich wusste, was es bedeutete, das abzuarbeiten. Aber das war mir egal.

Die Zeit in der Reha war ja quasi Verlust für meinen Ticker/Zuhälter und den wollte er ersetzt haben, was ja eigentlich nur fair war. Die Arbeit blieb ja liegen.

Mir war das egal. Es waren Ferien! Ich würde nicht einmal etwas in der Schule verpassen!

ich bin CLEAN!!!!!!!!!!!!

Krass, oder? Ich habe den Entzug gemacht.

Blöd ist nur, dass ich halt keine Therapie dazubekomme. Ich bin jetzt zwar clean, aber das bringt mir nichts. Keine Therapie, kein Wechsel des Umfeldes, das bedeutet ganz klar: Wenn ich aus dem Krankenhaus raus bin, werde ich wieder was nehmen. So sicher wie ~~Glocken~~ das Amen in einer leeren Kirche.

Na ja, sie haben mir schon eine Therapie angeboten. Haben gesagt, ich soll halt jemanden anrufen und da dann regelmäßig hingehen. Aber hey, ich bin ein Junkie! Glaub mir nicht! Verlass dich nicht auf mich ... Das lernt man doch schon nach wenigen Tagen ...

Trotzdem wollte ich es irgendwie versuchen und ich habe mich echt voll bemüht, meinem Zuhälter aus dem Weg zu gehen und auch sonst alle Leute aus der Szene zu meiden. Das war das Mindeste, was ich tun konnte ... und mehr habe ich auch nicht getan, denn schon hierin war ich nicht wirklich gut.

DU GEHÖRST MIR

«Du gehörst mir!» steht jetzt auf meinem Arm. Das hat mein Ticker mit einer Rasierklinge in meinen Unterarm geritzt. Voll tief.

Das wird man noch Wochen sehen! Vielleicht für immer. Er hat mich irgendwann gesehen und hat mich sofort in sein Auto gezogen. Dann ist er mit mir zu seinem Treff gefahren und hat mir das eingeritzt.

«Damit du nicht vergisst, dass du mir gehörst!», hat er mich angeschrien. Ich hasse meinen Arm! Am liebsten hätte ich ihn abgemacht. Nur um ihm zu zeigen, dass ich nicht seine bin. Dass nicht alles von mir ihm gehört.

Ich habe es dann doch nicht getan. Warum, weiß ich nicht.

Okay, ich habe genug Narben am Körper, warum soll ich mich also über die eine oder andere noch aufregen?

Aber das ist irgendwie was anderes. Das hier, das sind meine Narben. Die dürfen da sein, die müssen da sein, die gehören zu mir. Aber die hier, die so aussieht wie «Du gehörst mir!», das ist seine Narbe auf mir! Die hat hier nichts zu suchen!

Meine Narben, das ist so was wie Kontrolle, ~~oder so.~~ Ich meine, die Narben mache ich mir. Ich mache sie, so tief ich will, wann ich will und wo ich will. Ich habe die absolute Kontrolle.

Diese Scheißnarbe von meinem Ticker ist Kacke. Die ist gar nichts davon. Die ist Anti-Kontrolle!

Dann ging ich wieder arbeiten. Damit er die Geschichte mit dem Entzug vergessen könne, müsse ich mich jetzt besonders anstrengen, hat er mir gesagt. Ich nickte nur und ging in die Reiterstraße, zur Arbeit. Noch zwei Tage, dann war wieder Schule. Bis dahin musste ich besonders viel arbeiten, denn wenn Schule war, konnte ich tagsüber ja nicht anschaffen gehen. Dann ging nur abends was. Und wenn ich nicht wirklich gut war in den

Ferien, ließ er mich vielleicht gar nicht in die Schule! Da kann er ziemlich hart sein.

Meine Zukunft sei ihm egal. Ich hätte ja gar keine, also müsse er sich auch nicht darum kümmern.

Und trotzdem, meine Situation hatte sich verbessert: Ich hatte wieder Drogen. Und ich versuchte jetzt, mir eine eiserne Notfallreserve auf die Seite zu legen. Quasi die Drogen für den nächsten Fick.

Das war unheimlich beruhigend.

Warum wollen Männer kleine Kinder ficken? Was ist so toll daran, kleinen Mädchen (MIR!) wehzutun? Warum gehen die nicht einfach aufs Klo, sondern pinkeln in meinen Mund? Warum wollen sie mir Schmerzen zufügen?

Ich habe Glück und muss nicht lange stehen, bis ein Stammkunde vorbeikommt. Ich muss ihn Opa nennen und er nennt mich Irina.

Russische Kinder(namen) sind in.

Die sind irgendwie cooler, glaube ich. Die Männer mögen die russischen Gesichter. Die sind viel hübscher. Das erzählt mir Opa jedes Mal. Dann tätschelt er meine Wange und nimmt mich an der Hand.

«Wie schmeckt es dir?»

«Es schmeckt wie Gummibärchen, Opa. Darf ich noch etwas naschen?», antworte ich brav wie die unzähligen Male zuvor.

«Du weißt ja, ich will es sehen», sagt er dann und ich weiß, dass er bald kommt. Er mag nicht in meinem Mund kommen. Er will, dass ich es im Gesicht habe. Er gibt mir ein Zeichen, dann holt er ihn raus, wichst kurz und kommt auf meinem Gesicht.

schule ja – strich nein

Dann macht er ein Foto und verschwindet. Um nach Wochen wieder einzusteigen, ist das genau das Richtige. Nicht zu heftig, einfach ein wenig spielen.

Alltag.

Mein Alltag.

Für meine Drogen.

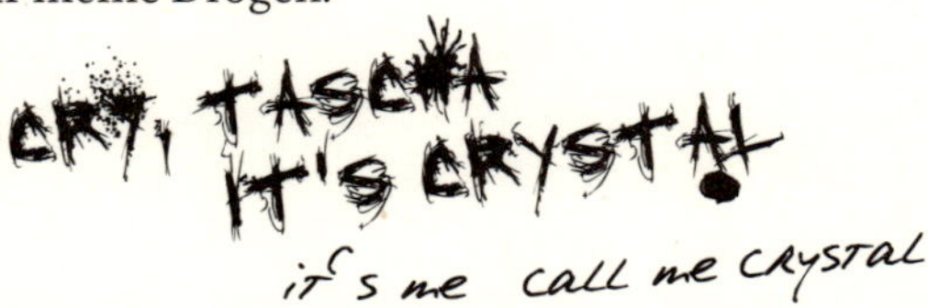

Für mein Leben, das selbst meinen Ticker nicht kümmert ... sobald ich meine Schulden abgearbeitet habe!

Aber ich bin drauf. Bin weit weg. Sehe diese intensiven Farben, höre ihn nur ganz gedämpft stöhnen, es klingt fast wie das Atmen der Natur. Und auf Crystal ist das nicht so schlimm.

Alles um mich herum ist unscharf.

Nichts erregt meine Aufmerksamkeit, alles ist da, aber nicht bei mir. Das ist gut.

Mein Ticker ruft mich auf dem Handy an, da ist Opa gerade gegangen.

«Weil ich dich so mag», er lachte, «hab ich dir einen Termin besorgt. Du sollst beim Parkhaus am Bahnhof warten. Er hat für drei Stunden bezahlt.» Ich muss schlucken. Das sind schlechte Nachrichten. Wenn er was klarmacht, dann ist da meist mehr im Spiel als sonst. Das sind die wirklich kranken Kerle! Da brauche ich Drogen. Unbedingt!

Das Schlimme ist, dieser Freier ist ein wirklich guter Freund von meinem Ticker. Bei ihm war ich schon zweimal. Und jedes Mal war es schlimm. Danach hat mir alles wehgetan. Musste mich trotz Drogen heftigst ritzen, habe gekotzt, nur weil ich alles loswerden wollte, weil ich nichts behalten wollte von ihm.

Mein Ticker meint, ich solle dankbar sein.

Ich ahnte noch nicht wie dankbar. Drei Stunden liegen vor mir, richtig beschissen!

danke, echt!

KAPITEL 5 – Das Piercing

Ich finde Piercings supercool. Da steckt was in deiner Haut drin, ein Zeichen dafür, dass hier mal was wehgetan hat. Das Metall hat jemand in deinen Körper gestochen, ohne Betäubung natürlich, alles andere wäre Quatsch.

Ein Manifest für kaputte Seelen.

Ich habe eins in der Brust. Das habe ich mir mit Hilfe eines Freundes gemacht. Da war ich vierzehn.

Später hat so ein blöder Typ daran gerissen und seitdem ist es schief. Natürlich hätte ich es rausmachen können. Es wäre zugeheilt und ich hätte mir ein neues schießen können. Aber es erinnert mich daran, dass dir jeder wehtut. Egal ob Vater, Mutter, Freund oder Freier.

Irgendwann tut dir jeder weh.

Und das Einzige, das davor schützen kann, sind die Drogen. Aber selbst die tun einem weh, wenn man mal nicht genug Geld hat, um sich neue zu kaufen.

Wenn ich groß bin, will ich ganz viele Piercings. Meine Schamlippen will ich piercen, meine Klit, meine Zunge, die Augenbraue ... ich habe schon elf Ohrlöcher links und sieben rechts. Einen Nasenring. Cool, oder? Natürlich alles mit einer Nadel gestochen!

WEHTUN – VERLETZEN

Wahrscheinlich interessiert es keinen, aber ich habe mich an der Fotze geritzt. Das war ein komisches, ein seltsames Gefühl. Es war einfach nicht mein Tag.

Der ganze Tag lief total scheiße.

ich verletze mich

RITZ RATZ
RATZ FATZ

vernarben verleben verletzen vernarben

Ich war in der Schule nicht gut, habe da eine Arbeit vergeigt und dann haben mich auch noch alle so doof angesehen. Ich weiß auch nicht.

Auf jeden Fall musste ich mich ritzen. Keine Ahnung, was für'n Zeug ich eingeworfen hatte, das war von meinem Ticker, aber ich habe echt nichts gespürt. Also musste ich tiefer schneiden.

KLINGE INS FLEISCH

Tiefer.

Noch tiefer.

Und als das nicht geholfen hat – ich habe mich einfach nicht gespürt – habe ich meine Fotze geritzt.

Habe die Klinge angesetzt und durchgezogen. Die Klinge versank im Fleisch und auf der flachen Seite sammelte sich ganz langsam Blut.

Ich sah es und ich fühlte es. Ja, ich konnte es fühlen ... Ich war glücklich.

Es hat dann aber auch tagelang geblutet und ich hatte wochenlang übelste Schmerzen, vor allem weil ich ja nicht einfach aufhören konnte zu arbeiten. Ich brauchte ja meine Drogen. Und du kannst nicht einfach hingehen und sagen: «Sei vorsichtig, ich hab mich da unten geritzt, sei zärtlich.»

Aber eigentlich wollte ich ja etwas anderes sagen: Piercings sind für mich so was wie Narben de luxe.

Meine Kunden mögen das nicht so. Aber das ist mir egal. Ich mag sie. Das ist etwas, was ich an mir mag. Meine Piercings.

Man sagt mir immer wieder, dass Junkies sich treiben lassen im Leben, nichts auf die Reihe kriegen und einfach nur faul sind und immer high sein wollen. Das ist totaler Quatsch.

Natürlich hat man keinen geregelten Tagesablauf wie ein normaler Typ, also morgens aufstehen, Zähne putzen, frühstü-

Schlaf

cken, zur Arbeit gehen, zu Mittag essen, weiterarbeiten und am Abend schließlich nach Hause gehen, oder man sagt der Frau, man müsse halt Überstunden machen, ja, ja, der doofe Chef – und kommt kurz noch bei mir vorbei. Die meisten meiner Kunden sind verheiratet. Zumindest die, die reden.

Von den anderen weiß ich nichts.

Bei mir ist das anders. Ich schlafe ja meistens nicht, vielleicht mal zwei oder drei Stunden irgendwie dahindämmern. Das hängt aber auch von den Drogen ab, die ich nehme. Crystal lässt dich nicht wirklich schlafen, da ist es total schwer. Dahindämmern, mehr geht da wirklich nicht. Erst wenn man runterkommt, dann merkt man, dass der Körper Schlaf braucht. Man selbst braucht eigentlich keinen Schlaf, aber der Körper fordert es.

Sonst klappt irgendwann der Kreislauf zusammen und man ist weg. Auf Heroin habe ich immer gut geschlafen. Aber das Zeug macht fett! Und überhaupt, Schlafen ist total nutzlos. Vergeudete Zeit.

FETT ODER WEG WEG
keine Frage! **WEG**

Der einzige Fixpunkt in meinem Leben ist die Schule. Die will ich schaffen. Also nicht einfach nur Quali und mal gucken, nein: Abitur!

Ohne einen vernünftigen Abschluss bist du doch heute aufgeschmissen. Besonders hier, wo der Osten so nah ist.

Aber selbst mit dem bescheuerten Abschluss ... Was bringt das schon? Vom Arbeitslosengeld II kann ich nicht einmal drei Tage Zeug kaufen! Dann bleiben noch immer so viele Tage im Monat übrig, so viele Freier ...

Ich versuche immer in die Schule zu gehen, so oft es geht. Das ist das Einzige in meinem Leben, das eine feste Uhrzeit hat. Alles andere kommt und geht ... voll spontan. Aber es ist eben nicht meine Spontaneität, sondern die der anderen.

Mein Handy und die Drogen bestimmen meinen Tagesablauf. Neben der Schule gibt es nur: Drogen ranschaffen, anschaffen, um die Drogen zu bezahlen, und dann wieder schauen, wo kriegt man die Drogen her. Tag oder Nacht ist in meinem Leben vollkommen unbedeutend, es geht lediglich darum, ob ein Kerl mich sehen will und ob ich genug Drogen habe, das zu überstehen.

Insgesamt ist damit der Tag komplett durchgeplant. Man ist immer entweder gerade bei einem Kunden oder auf dem Weg zu einem. Dazwischen der Ticker und die Drogen.

So ein Leben schafft einen.

Du fährst zum Ticker und holst Drogen, dann geht's wieder zum Ficken und wieder Drogen, eigentlich geht's nur ums Konsumieren, immer wieder konsumieren.

Konsumieren!

Verbrauchen.

bin ich haltbar?

Die Drogen, die Kondome, dich selbst.

Durch die Drogen war ich deutlich besser in der Schule. Ich habe mich immer bemüht, auch mal in die Schule zu gehen.

Und ich war auch richtig gut. Auf Drogen war es einfach, sich kurzzeitig Dinge zu merken. Wobei das nicht für alle Drogen gilt. Crystal: Ja.

Heroin: Nein.

Auf Crystal kannst du dein Gehirn für kurze Zeit voll benutzen. Klar, man hat auch wieder viel vergessen von dem, was man gerade geschrieben hat. Aber das war egal, ich musste ja nur den Test überstehen, ins System passen. Und das kann man mit Drogen besser, als wenn man clean ist.

Aber man vergisst gleichzeitig so viel. Man vergisst, was man getan hat, was man gesagt hat, was man mit sich gemacht hat. Man vergisst, wer man ist ... dass man jemand ist.

Drogen sind meine heile Welt.

Ich habe mir Dinge besser gemerkt und ich habe Dinge besser vergessen.

Ich hätte mich jetzt gerne bei jemandem ausgeweint, bei meinem Papa oder meinem Freund. Ich wäre gerne zu ihm in die Wohnung gegangen, hätte mich zu ihm aufs Sofa geworfen und hätte gerne geweint.

Er hätte gar nicht viel sagen müssen. Er müsste mich nur festhalten.

Und ich darf heulen und schluchzen, ohne dass einer sagt: «Hey, du dumme Fotze, hör auf!»

Aber leider kenne ich niemanden, der mich weinen lässt.

Vielleicht bin ich einfach zu blöd, einen Freund zu haben, der mich wenigstens ein bisschen lieb hat. Das hat Mutti einmal gesagt.

Ich meine, klar, ich habe eigentlich immer irgendwie einen Freund – die unterscheiden sich von den anderen, die mich ficken, darin, dass sie mir entweder Drogen verkaufen und dafür kostenlos mit mir ficken dürfen oder einfach nur kostenlos mit mir ficken. Okay, manche schenken mir manchmal auch was, aber was heißt das schon?

Eigentlich ist mir der Freund gerade ziemlich scheißegal!

Ich habe andere Probleme. Es wäre nur schön, wenn ich einen hätte. Es muss ja nicht einmal einer sein, mit dem ich ficke, es reicht ja einfach ein guter Freund ... So wie ein Bruder, der einen versteht und auf einen aufpasst.

Gestern fing alles an in der Schule. Ich gehe in die elfte Klasse und meine Noten sind [illegible] okay.

Die Drogen helfen mir, mich zu konzentrieren, und so schreibe ich nicht nur Scheiße, wenn eine Arbeit ansteht.

Die Lehrer wissen von meinem Drogenproblem nichts. Vielleicht ahnen es einige, aber niemand sagt etwas. Wenn ich mal vergesse, was zu nehmen, und dann voll wirr werde, dann und erst dann fragt die Müller: «Aber Natascha, geht es dir nicht gut? Du siehst aber ganz schlecht aus. Du nimmst doch keine Drogen?!»

Krass, oder?

Ich nehme keine Drogen und jeder denkt, ich nehme welche. Wenn ich Drogen nehme, ist alles in Ordnung und niemand fragt.

Ich habe noch keinen meiner Lehrer auf dem Babystrich erwischt. Dabei denke ich mir manchmal, dass der eine oder andere doch ganz klar meine Zielgruppe ist. Gerade unser Sportlehrer, der Herr [illegible].

Der ist immer ziemlich körperbetont und greift sich gerne in den Schritt. Aber entweder hat er eine kleine Maus daheim, die er befummeln kann, oder er malt sich das nur aus, keine Ahnung.

HASS ICH MICH

Was wollte ich sagen? Ach ja, meine Klasse wollte eine Abschlussfahrt machen.

Irgendwohin, wohin weiß ich nicht mehr, das ist auch scheißegal, denn schlussendlich sind wir nicht gefahren.

Und ich war der Grund.

Meine Mutter hatte noch nie einen Job, immer haben die Kerle sie ausgehalten und damit auch mich. Nur dass ich mich das ein oder andere Mal dafür revanchieren musste. Dem einen Papa habe ich einen geblasen, aber nur einmal. Er hat mir gesagt, es schmeckt wie Gummibärchen. Aber es hat nicht nach Gummibärchen geschmeckt.

Als ich spürte, wie sein Schwanz den Samen aus seinen Eiern pumpte, um ihn in meinen Mund zu spritzen, hätte ich am liebsten zugebissen und wäre dann am liebsten weggerannt. Bis ans Ende der Welt.

Aber er hielt meinen kleinen Kopf wie in einem Schraubstock. Ich musste husten und fand das voll eklig, aber er ließ mich erst los, als ich brav alles runtergeschluckt hatte.

Von wegen Gummibärchen.

Die mag ich eh nicht mehr. Da ist Gelatine drin! Das ist Schweineschwarte und Knochen! Voll eklig! Wie kann man nur so was essen? Ich meine, ich lutsche ja auch keine Knochen aus oder kaue auf einer Schweineschwarte rum!

Hätte ich damals zugebissen, er hätte mich wahrscheinlich totgeschlagen. Davor hatte ich Angst. Damals hatte ich davor noch Angst. Aber auch ohne das Zubeißen hat er es fast geschafft, dass ich die Angst vor dem Tod verliere und ihn als Möglichkeit, als Ausweg in Betracht zog. Übel.

HÄSSL-ICH HÄSSL-ICH HÄSSL-ICH
HÄSSL-ICH HÄSSL-ICH HÄSSL-ICH
HASS HASS HÄSSL-ICH

so hässlich ich bin so hässlich

200

Mein anderer Vater hat mir mal aus Spaß mit der Faust ins Gesicht geschlagen. So richtig wie einer von diesen Boxern. Rocky oder so.

Meine Nase war gebrochen und seitdem habe ich eine voll bescheuerte Nase, so ein riesiges, breiiges Etwas im Gesicht!

Klassenfahrt
Klasse Fahrt
Voll Klasse
Klasse Körper
WICHSER

Der Punkt ist jedenfalls, dass meine Mutter die zweihundert Euro für die Scheißklassenfahrt nach Scheißirgendwohin nicht hat.

Und ich?

Um das Geld zusammen zu bekommen, hätte ich mit fünf großzügigen Freiern schlafen müssen und dabei nicht einen Euro für Drogen ausgeben dürfen!

Und das geht nicht.

Das ist ein Teufelskreis. Ich brauche die Drogen, um die widerlichen Typen zu ertragen, die ihre Schwänze in meine Körperöffnungen stecken, und ich muss diese Kerle an mich ranlassen, damit ich Drogen kaufen kann. Verfickte Scheiße, das ist eine blöde Story.

Jedenfalls schob die Klasse einen Riesenstress wegen der Klassenfahrt. Sie haben Pläne gemacht, was sie da alles machen wollten, wer mit wem ins Bett wollte und so, wo sie abends was trinken würden, und ein paar haben sogar davon gesprochen, dass sie Haschisch mitnehmen wollten, um dann Joints zu rauchen.

Nach der Stunde habe ich dann meiner Lehrerin gesagt, dass ich nicht mitkann, weil meine Mutter das Geld nicht hat, das mit dem Anschaffen und den Drogen habe ich weggelassen.

Am nächsten Tag hat sie der Klasse erzählt, dass die Fahrt nicht stattfinden kann, weil ich die Fahrt nicht bezahle!

Diese dumme Kuh! Gott, wie hasse ich diese Schlampe!

TOD DER SCHEISS LEHRERSCHLAMPE!

Es ist schon komisch, wie wenig nötig ist, um jemanden anzuheuern, der eine Person tötet. Die meisten, die ich kenne, die was nehmen, würden natürlich sagen: Blödsinn, wir sind doch keine Mörder. Aber wenn der Stoff knapp ist, dann hätten die alles gemacht.

Ich auch.

Ich habe alles gemacht, was man von mir verlangt hat.

Glücklicherweise kam keiner zu mir, der wie ich jetzt eine Scheißwut auf eine Lehrerin hatte.

Ich habe es ihr doch erklärt!

Das hat sie wohl nicht interessiert.

Die Vormittagspause war schlimm.

Ich sage nicht, dass sie die Hölle war, denn mit dem einen oder anderen Freier habe ich Schlimmeres erlebt. Aber es war schlimm. Jeder in meiner Klasse weiß, dass ich die Pause meist komplett auf dem Klo verbringe.

Was sie nicht wissen, da nehme ich Chemo, Kokain und Crystal, in der Elften auch Heroin, damit ich bis mittags durchhalte. Dieses Mal haben mich die Mädchen begleitet. Zuerst schubsten sie mich hin und her, dann begann die Erste mich zu schlagen.

Erst auf die Schulter, dann in den Bauch und am Schluss auch ins Gesicht.

Es endete damit, dass sie mich Kopf voran in ein Klo drückten, und während mich zwei von den Schlampen festhielten, hob irgendjemand meinen Rock hoch und machte sich an meiner Unterhose zu schaffen.

Ich bekam keine Luft und langsam begann der kleine Teufel in mir zu wüten, der immer wieder schrie: Nimm die Drogen, sonst tue ich dir weh. Ich zappelte und versuchte mich zu wehren, aber es sind neben mir noch sechs Mädchen in der Klasse.

Ich glaube, alle waren da.

Sechs gegen eine.

Dann hörte plötzlich alles auf. Ich spürte, dass mein Rock oben war, die Hose an den Knien.

Sie hatten wohl die Schnittwunde an meiner Fotze gesehen und auch die Schnitte an meinen Oberschenkeln, am Bauch.

Sie ließen mich los und prustend konnte ich Luft holen, während einige von denen schrien: «Scheiße, die ist ja total krank!»

An dem Tag ging ich nicht mehr in den Unterricht. Wieder ein halber Tag unentschuldigt gefehlt. Das macht sich auf dem Zeugnis nicht gut.

Und wenn es zu viele Tage sind, dann rasselt man automatisch durch. Da muss man dann nicht einmal mehr in einem Test versagen. Toll!

Zu Hause bemerkte ich auf dem Klo, dass ich den ganzen Tag Scheiße an der Fresse hatte. Das hatte mir niemand gesagt.

Das war so gemein. voll gemein voll gemein

Die war getrocknet und sah aus wie eine Schürfwunde, nur war es eben die Scheiße von irgendeiner dummen Schlampe, die ich im Gesicht hatte.

Ich nahm die Seife und drehte das Wasser auf. Das Wasser wurde allmählich warm und schließlich heiß. Ich hielt meine Hände mit der Seife unter das Wasser und begann zu reiben. Es tat weh. Es brannte, es war heiß. Der Dampf beschlug den Spiegel, damit ich mich nicht mehr sehen musste. Oder damit mich der Spiegel nicht mehr sehen musste. Vielleicht hatte auch der Spiegel schon genug von mir. Ich kann ihn verstehen.

Meine Hände waren rot wie rohes Rindfleisch, als ich mein Gesicht einseifte. Das Wasser ließ ich laufen. Nachdem ich mich eingeseift hatte, nahm ich die Handwaschbürste und begann die Stelle zu putzen, wo die Scheiße geklebt hatte: Zwischen der Nase und dem rechten Mundwinkel, also von mir aus gesehen rechts, der Spiegel sah es ja nicht mehr. Doch der Geruch ging nicht ab. Für mich roch selbst die Seife nach Scheiße. Ich sah auf die Verpackung und da stand «Pfirsich» drauf – sie roch aber nach Scheiße!

Die ganze Welt roch nach Scheiße, das Waschbecken, das Wasser, selbst der Spiegel bestand aus Scheiße und stank zum Himmel.

Ich zog mich aus und warf meine Klamotten in den Müll, denn sie stanken auch nach Scheiße, und ich begann mich zu

wie riecht Pfirsich

waschen. Doch ich fand keine Seife, die nicht stank, keine Lotion, nichts.

Schließlich hielt ich mein Gesicht unter den Wasserstrahl. Der Wasserstrahl brachte mich wieder zurück in das, was für mich die Realität war: mein Drogentrip.

Nur dieses Mal war es nicht schön!

Seit dieser Geschichte gucke ich dauernd in meinen Taschenspiegel oder bleibe auf der Straße vor Schaufenstern stehen, wenn ich mich darin spiegele. Ich habe immer Angst, wieder Scheiße am Mund zu haben.

Schule war davor auch schon schlimm und eklig, aber seit dieser Geschichte hat sie etwas mit meinem anderen Leben, mit dem [illegible] Anschaffen, mit dem, wie ich wirklich bin, gemeinsam. Das macht mich fertig. Ich mag die Schule, auch wenn sie mich nicht mag. Ich will ja später mal arbeiten, irgendwo, irgendwas, am liebsten in einem sozialen Beruf, und ich weiß, dazu brauche ich einen Abschluss. Und es ist schwer, im Leben voranzukommen, wenn man die Brücke in die Zukunft eingerissen hat.

Ich habe mal einem Mädchen in meiner Klasse davon erzählt, dass ich Drogen nehme. Ich mag sie voll gerne und sie ist so süß. Ich mag Mädchen, die sind nicht so wie Männer. Die haben keine Schwänze, die einem wehtun können.

Aber es ist so schwierig, denen zu erzählen, dass man sie ganz festhalten will. Dass man ihnen am liebsten auf den Schoß krabbeln und nie wieder runter möchte.

Einmal habe ich mich mit ihr zum Hausaufgabenmachen verabredet. Ich mag zwar keine Hausaufgaben, aber es war ein Grund, sich zu treffen.

Ich war so aufgeregt, dass ich die Hausaufgaben sofort zu meiner Lieblingsbeschäftigung erklärte. Sie hatte Probleme in Wirtschaft – Prozentrechnen und Mehrwertsteuer und so was – da kenne ich mich aber aus. Also sollte ich ihr was beibringen, ihr was erklären! Ich, die kleine, drogensüchtige Fotze, die Stricherin kann einer Normalen was erklären!

Es war einer der schönsten Tage in meinem Leben. Ich habe sie so lieb gehabt.

Wir saßen gemeinsam auf einer Bank im Park und haben uns unterhalten. Über die Schule und darüber, welche Lehrer wir mochten und welche nicht.

Ich dachte, ich kann ihr alles erzählen, aber Nancy hat mich nur voll doof angestarrt. Ich habe ihre Augen gesehen und wusste, dass sie es wusste. Dass jeder wusste, dass ich Drogen nehme. Ich habe plötzlich gemerkt, dass alle, die ganze Welt, es wussten: Ich nehme Drogen.

Sie musste mir gar nichts erzählen, ich habe es gesehen. Jeder wusste es. Ich war ständig drauf und das Einzige, was ich noch sah, war Mitleid und etwas Neid, dass ich in der Schule trotz Drogen besser war als sie.

Ich hasse Hausaufgaben und ich hasse Mathe und Wirtschaft!

WILL KEIN MITLEID
WILL DASS MAN MICH MAG

Ob sie sich fragte, wie ich mir die Drogen leisten kann? Vielleicht dachte sie, dass ich klauen gehe.

Aber das mache ich nicht.

Ich stehle nicht! Ich nehme niemandem was weg.

ich liebe

jeder

Klauen könnte ich nicht. Da wehrt sich alles in mir dagegen. Das frisst mich moralisch auf. Ich kann niemandem etwas wegnehmen. Das ist illegal. Das ist ein Verbrechen.

Das mache ich nicht.

Na ja. Klar, ich gehe anschaffen. Und solange ich nicht volljährig bin, ist das illegal. Aber ich schade niemandem damit. Die [illegible]-Kerle, die zu mir kommen oder die mein Ticker mir bringt, die wollen es ja. Die wollen ein Kind ficken, ein Kind kaputtmachen.

Ich will nicht, ich muss.

Was die machen, ist illegal. Ich bin doch nur die illegale Ware. Das Püppi, das von Mann zu Mann geht und sich das Geld für die Drogen verdient ... aber ich stehle nicht!

Wenn ich anschaffen gehe, da schade ich ... nur mir.

kann man eine ware lieben

wehleidige schlampe!

KAPITEL 6 – Der Spielplatz

Der Straßenstrich hat seine eigenen Regeln. Da hat man keinen schönen Club mit Sauna und Whirlpool, dazu verschiedene Zimmer, alle anders eingerichtet, eins schwarz, eins weiß, eins Gummi und so weiter. Auf der Straße oder im Auto, auf Spielplätzen, ganz selten im Hotel.

Das ist die Realität der Straße. Manche nehmen einen auch mit in eine Wohnung, aber das sind die Kaltschnäuzigen. Denen ist es wurscht, wenn die mit einer Schlampe vom Babystrich gesehen werden. Das sind die Wohnungen, wo man dich vielleicht schreien hört, aber wo es niemanden interessiert.

Wo genug Probleme hinter den anderen Wohnungstüren lauern. In diesen Wohnungen ist das Risiko genauso hoch wie im Auto. Keine Kontrolle mehr. Du bist dem Freier ausgeliefert.

Aber die Wohnung ist ein Einzelfall.

Das scheint mir auch der Hauptgrund zu sein, warum Leute auf den Drogenstrich gehen. Die wissen genau, in dem Moment sind sie der Mann mit dem Geld, also der Mann mit dem nächsten Flash in der Tasche. Und dafür machen wir Mädchen alles. Dieses Gefühl bekommt man bei uns Abhängigen gratis obendrauf.

kaputte schlampe, 15 und drogenabhängig
braucht zä[illegible]fige kunden mit kohle! kommt und
holt es euch: 01[illegible]

Und wir haben dann nur die Drogen, dieses kleine bisschen Freiheit, gestreckt mit irgendeinem Scheiß, der uns hoffentlich (nicht) umbringt. Und während du weg bist, ficken die Kerle deinen Körper, stecken ihren Schwanz überall rein, besudeln dich, beschmutzen dich und du denkst nicht. Du sagst immer brav ja, wenn sie etwas machen wollen, denn wenn du ihnen nicht gibst, was sie wollen, bezahlen sie nicht oder nur schlecht.

Dann schmeißen sie dich aus dem Auto und hauen ab. Wieder nach Hause. Oder sie ziehen ihre Hose hoch, packen ihr Ding ein und gehen. Und man selber sitzt in irgendeinem Hinterhof oder auf irgendeinem Scheißspielplatz und versucht, die Scheiße aus dem Gesicht zu kriegen, damit man wieder ansehnlich ist, um den nächsten Kunden zu kriegen.

Aber wie gesagt, Wohnung ist meistens nicht. Die meisten haben ja zu Hause eine Ische sitzen und die können dann nicht mit so einer kleinen Fotze im Arm ankommen. Was würden die der denn erzählen?

«Hey, du machst mich nicht mehr an, deshalb habe ich mir was vom Strich mitgebracht. Guck du nur weiter fern, ich bin dann mal oben.» Oder vielleicht: «Die meckert nicht, wenn ich Arschficken will! Nimm dir mal ein Beispiel!»

Ein paar meiner Kunden sind Geschäftsleute. Wenn ich mich danach wieder anziehe, erzählen sie mir immer, wo sie schon überall waren. New York, London, Paris ... Aber für mich ist selbst Berlin [illegible] schon eine Welt, die so weit weg ist von mir, von hier, dass ich es mir kaum vorstellen kann.

Ich wünschte, ich käme auch mal hier raus, raus aus den verfallenden Ruinen, in denen sich nicht einmal streunende Hunde wohlfühlen.

jugendgefährdende Prostitution ... und was ist mit mir!

Ich weiß das, weil die Punks hier nicht leben. Die wohnen weiter in der Stadtmitte, nicht hier, wo der Straßenstrich ist.

Vor ein paar Tagen habe ich Post bekommen vom Staatsanwalt. Anklage wegen jugendgefährdender Prostitution und illegalem Betäubungsmittelbesitz. Mist!

Noch nie zuvor habe ich mich so sehr danach gesehnt, von hier wegzukommen. Ganz weit weg zu sein.

Ich habe Lust, meine Sachen zu packen, in den nächsten Zug zu springen und wegzufahren. Egal wohin.

Hier jedenfalls gibt es kein Morgen, keine Zukunft. Nicht für mich und für niemanden sonst, der mit mir auf der Straße steht. Alles dreht sich sinnlos um einen selbst, um das, was Drogen will, was mehr will, egal zu welchem Preis. Und es dreht sich immer schneller, hört niemals auf.

Die Fahrt ist nicht zu Ende. Noch eine Runde, immer weiter. Meine Träume liegen kilometertief unter eingestürzten Wolkenkratzern aus Hoffnung begraben.

Einfach abhauen.

Woandershin.

In eine neue Welt.

Doch dafür reicht das Geld nicht. Und woher soll ich die Drogen bekommen? Und mit was bezahlen?

Vielleicht doch lieber vor den Zug springen?

Im Endeffekt ist es doch so, dass es egal ist, wo ich bin. Die Ruinen, die ich hasse, sind die Ruinen in mir.

Ich glaube, früher war das Leben schön. Da konnte man immer sagen, irgendwo auf dieser Welt gibt es einen Flecken, wo man schön leben kann. Terra incognita. Das gibt es heute gar nicht mehr.

Man hat alles gesehen. Alles gemacht. Keine Grenzen geachtet, alles ausprobiert, alles erforscht.

freu dich papa freier ich bin SCHWANGER

Vor knapp einem Monat habe ich erfahren, dass ich schwanger bin. Es war ein Freier. Entweder ist ihm der Gummi gerissen oder aber ich war so drauf, dass ich nicht gemerkt habe, dass er keinen übergezogen hat.

Meine Seele hat es in zwei Teile gerissen. Die eine Seite schrie, tobte, dachte, ich muss das Arschloch finden, der das war! Ihn töten. Wer fickt denn eine Schwangere?

Wie soll ich dann die Drogen bezahlen? Mein Leben zerbrach.

Die andere Seite war ganz ruhig. Sie sagte: Du bekommst ein Kind. Es ist ein Wunder, dass es gedauert hat, bis du siebzehn wurdest. Andere hatten das höchst zweifelhafte Vergnügen, eine Abtreibung zu machen, schon viel früher. Ein paar Drogen, abtreiben, noch mehr Drogen und weiterarbeiten. Es gab schon ein paar Schwangerschaften hier. Nicht viele, aber ein paar. Jetzt gehörte ich zu diesen Losern, die schwanger geworden waren.

Da fällt mir dieser Spruch ein, den man immer wieder hört: Es war ein Kind der Liebe ... Also meins nicht! Eher ein Kind der Dummheit. Ich habe mich so geärgert und überlegt, was ich jetzt tun sollte.

Aber dann war da noch etwas anderes. Plötzlich dachte ich so bei mir, ich sollte besser mit den Drogen aufhören, wenn ich ein Kind bekomme.

Ich habe einen Kalten gemacht. Neun Tage ohne Stoff, obwohl ich keinen Ersatz hatte, kein Subutex oder so. Ohne alles. Kalt. Nackt. Einfach so. Nur ich, das Baby und der Eimer.

Die ersten vier Tage konnte ich nicht einmal aufstehen. Ich habe nur gekotzt, mein Körper verkrampfte sich immer mehr und diese Schmerzen waren eine ganz neue Erfahrung für mich.

(K.)ein Kind kriegt ein Kind

dumme schlampe

Aber keine, die ich brauchte. Ich hätte darauf verzichten können, nein, ehrlich!

Immer wieder presste mein Körper Magensäure durch meine Speiseröhre, durch Mund und Nase ins Freie. Ich dachte, meine Organe schwimmen vor mir davon, ich kotze sie einfach aus und das war's.

Tagelang habe ich geheult, geschrien, wenn ich die Kraft dazu hatte. Mir war so kalt, dass ich dachte, mir frieren die Finger und Beine ab.

Mir war so heiß, dass ich meine Decke durchschwitzte. Ich zitterte so, dass ich manchmal nicht einmal den Eimer traf. Das Erbrochene lief einfach aus meinen Mundwinkeln raus. Wohin war egal.

Raus, das war wichtig! Weiteratmen. Nicht sterben.

Ich habe so gestunken. Als würde mein Körper verwesen. Ich hörte die Stimmen, die mich anschrien: «Warum tust du dir das an? Das sind doch höllische Schmerzen! Du wirst nachher doch eh wieder Drogen nehmen. Warum also diese Schmerzen?!»

Am fünften Tag erinnerte ich mich an meine Notreserve. Die Drogen, die ich gebunkert hatte, damit ich im schlimmsten Fall noch einmal draufkäme, um Geld für neue Drogen zu verdienen. Und ich hörte, wie mich alles in mir aufforderte, die Drogen einfach zu nehmen. Einwerfen. Aufzuhören und den Schmerzen zu entkommen.

Irgendwann war es nicht mehr so schlimm und ich konnte mich wieder bewegen. Vorsichtig drehte ich mich in meinem nassen Bett herum und versuchte, die Dinge in meinem Zimmer zu erkennen.

Als ich dann meine Tasche sah, kroch ich langsam darauf zu. In dieser einen Richtung war mein Geist vollkommen klar. Ich wusste, wo die Notration war! Tasche ausleeren, die alte Anti-Baby-Pillen-Schachtel aufmachen und das Zeug rausholen.

Es würde ein Ende haben. Nur noch ein kleines Stück.

Ich habe die Notration ins Klo geschüttet und runtergespült. Keine Drogen mehr. Ich kroch wieder zurück ins Bett und bereitete mich auf die nächste Schmerzattacke vor.

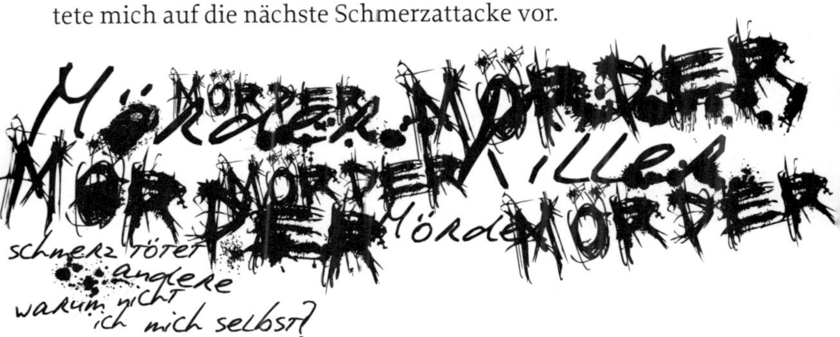

Ich bin eine Mörderin.

Der Entzug war natürlich genau das Falsche für das Baby. Es starb.

Ich bin so doof. Ich habe mir das alles angetan für das Kind, das genau dadurch starb.

Was bin ich für eine Mutter?

Bin ich jetzt clean? Bin ich sauber? Was bin ich?

Wenn ich aus dem Fenster schaue, dann sehe ich nur Junkies. Wenn ich auf die Straße gehe, sehe ich Ticker, Süchtige, Drogen und Freier. Die Szene ist ein Dorf, jeder kennt jeden. Da hat man keine Chance. Warum sollte ich es also versuchen?

Dann denke ich an meine im Klo versenkte Notration. Die wäre natürlich auch der Aufhänger gewesen, um wieder einzusteigen. Drauf sein, ficken gehen, Geld verdienen für Drogen.

ich bin müde
schlaflos
träume ich
von einer
anderen welt

Aber ich habe keine Pillen mehr, kein Crystal, kein Heroin oder sonst was. Nichts mehr da! Egal was. Ich hätte jetzt alles genommen!

Und ohne Drogen zu ficken, das kommt nicht in Frage. Früher habe ich mir gedacht, die Drogen sind es mir wert, aber jetzt?

Aber aus der Gosse kommt niemand lebend raus. Ich kenne keinen, der es geschafft hat. Der Bordstein ist zu hoch.

Vielleicht doch in den nächsten Zug und raus hier. Irgendwohin, wo ich keine Fixer und Ticker mehr sehe, sondern Menschen, die ein Leben haben. Vielleicht geben die mir ein Stück ab davon. Ein Stück Leben. Ein Stück Liebe.

Einmal hat mich ein Typ gefragt, was Liebe in meinen Augen sei. Eine komische Frage. Was Liebe für ihn sei, habe ich zurückgefragt und er hat geschwiegen. Stattdessen hat er mich gefickt und mir vierzig Euro gegeben. Vierzig Euro Liebe?

Vielleicht ist Liebe, nicht allein zu sein, mit jemandem zusammen zu sein. Keine Ahnung. Was ist denn Liebe? Wie stelle ich mir Liebe vor? Keine Ahnung. Da wo bei anderen Menschen die Vorstellung von Liebe ist, ist bei mir ein schwarzes Loch. Und dieses Loch wird gefickt. Die Drogen von oben, die Kerle von unten, aber es ist das Gleiche.

Aber nicht, dass ein falscher Eindruck entsteht: Liebe ist mir nicht scheißegal! Ich will irgendwann einmal irgendjemanden lieben. Vielleicht mal Kinder haben, die ich lieben kann ... und die nicht gleich nach ein paar Tagen wegen mir und in mir sterben.

Ich gehe wieder in die Schule und ich schaffe es irgendwie durchzukommen. Gerade so. Aber macht das Sinn? Selbst mit einem Superabschluss bekomme ich keine Ausbildungsstelle.

Nicht hier. Nirgendwo. Wer stellt mich schon ein?

Hier wird doch niemand eingestellt. Die Leute, die Geld haben, hauen ab. Die, die keins haben, bleiben hier und die Gosse wird immer größer.

Gossenfotzen auf dem Straßenstrich.

Unheilfotzen.

Die zurückbleiben.

Für die, die das ausnutzen.

Wo ist da die Perspektive, ohne Heroin leben zu können?

Ich habe vor ein paar Tagen Jennifer vollgeheult. Ich habe ihr gesagt, dass sie mir die Illusion gibt, dass man auch anders leben kann.

Sie hat mich nicht verstanden.

Danach hatten wir Mathe Englisch.

Vor einiger Zeit hat mich ein Bekannter mal gefragt, was mich interessiert. «Was interessiert dich eigentlich, Natascha?», hat er mich gefragt. Meine Antwort kam wie aus der Pistole geschossen:

«Mein Zeug, mein Geld, mein Ticker.»

Nicht mehr. Da ist nichts mehr sonst.

Ich habe gerade Heroin genommen. Ein halbes Gramm ungefähr. Ich weiß es nicht mehr. Blöd nur, dass ich dazu immer noch Crystal nehmen muss, um davon keine Entzugserscheinungen zu bekommen. Zwar brauche ich etwas weniger, aber was macht das schon? Ich habe gedacht, ich würde so zumindest von der einen Droge loskommen, aber das funktioniert auch nicht wirklich. Jetzt nehme ich beides. Abends brauche ich dann noch was, um runterzukommen, um schlafen zu können. Aber ich kann nicht mehr schlafen. Ich bin des Schlafens müde.

Lebe ich noch? Das Crystal schabt durch den Körper, reißt das Fleisch von den Knochen. Ich spüre, wie sich Kristalle durch die Kanüle kämpfen, doch fühle ich es? Fühle ich überhaupt?

Was ist «fühlen»?

Zu wissen, dass man high ist?

War ich jemals clean? Gab es ein Leben vor den Drogen? Ein Leben danach?

Was ist schon Leben?

Ich bin hier. Irgendwo.

Hier. Wo ist denn das?

Crystal frisst Dich auf
Begreif es endlich!

Ein Arzt hat mir mal Bilder gezeigt von Leuten, die Crystal genommen haben. Scheiße! So will ich nicht aussehen. Total fertig und so.

Aber die Zähne sind schon locker. Insgesamt sind schon zwei rausgefallen. Backenzähne, zum Glück. Ein paar andere sind seltsam bröselig. Der Doktor meinte, das sei vor allem Nährstoffmangel.

Wenn du deine Kunden mit einer Zahnlücke anlächelst, bekommst du keine Kunden mehr! Dann ist der Teufelskreis wieder offen. Dann geht es schnurstracks zu Ende.

Heute haben wir dieses Spiel gespielt ... Wenn du drei Wünsche frei hättest, was würdest du dir wünschen? Mir ist nur ein Wunsch eingefallen: zu sterben.

only the good die young

STERBEN TOTGEHEN

Beschissen, oder? Mir ist wirklich nichts anderes eingefallen. Ich meine, klar, nachdem ich mir gedacht habe, wie bescheuert diese Antwort war, kam es mir schon in den Sinn, vielleicht könnte ich mir ja dies oder das wünschen. Vielleicht könnte ich mir wünschen, nicht abhängig zu sein. Oder auch, nicht auf den Strich gehen zu müssen. Oder ganz viel Geld. Gutes Aussehen. Tolle Klamotten und und und. Aber was nützt das? Das sind unrealistische Wünsche.

Sterben. Das war ein Wunsch, der kam aus dem Bauch. Der war ehrlich und er wäre relativ einfach zu verwirklichen.

Nur dieser hauchdünne Stoff trennt Vorstellung und Wirklichkeit. Sterben. Essen für Tiere sein. Alles aus. Das habe ich mir gewünscht. Und dabei nicht einmal die Finger auf dem ~~Rücken~~ Rücken gekreuzt.

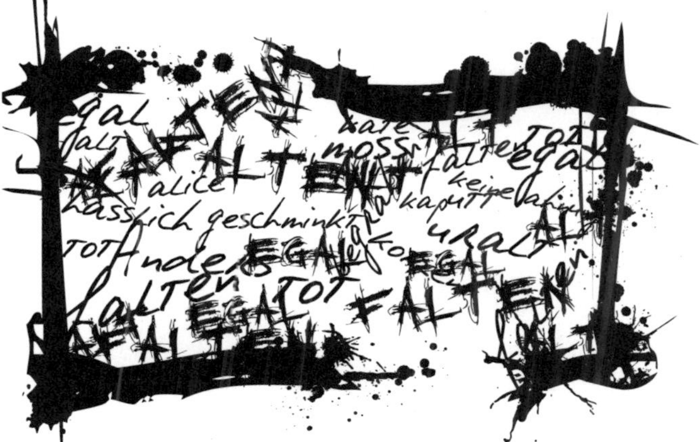

Ich muss diese bescheuerte Hausaufgabe für die Schule erledigen. Ein Plakat machen, wie ich mich in fünfzig Jahren sehe ... Dabei will ich mich in fünfzig Jahren nicht sehen.

Alles, was ich habe – und davon habe ich schon wenig genug – ist mein Aussehen. Und das wird in fünfzig Jahren weg sein. Tolle Aussichten, oder?

Ich habe mir dann so Modezeitschriften geschnappt und Kate Moss ausgeschnitten. Die finde ich toll.

Dann noch Alice Schwarzer. Die hat mal gesagt: «Der Koitus ist nur die bessere Onanie des Mannes.» Deswegen und wegen ihrer Bücher mag ich Alice.

Ich will mal mit einer Frau zusammen sein. Frauen sind die besseren Männer. Allerdings will ich auch Kinder haben, was nicht zu der Frauengeschichte passt. Außer natürlich durch Adoption, oder ich lasse mir die Kinder von irgendeinem Typen machen. Aber es darf eigentlich nicht irgendein Typ sein. Er muss passen. Ich will ja keine Kinder von irgendwem haben, sondern meine Kinder! Aber das ist eigentlich auch egal. Wenn es meine Kinder sind, sind sie ein Teil von mir, und ich will mich jetzt nicht mit mir beschäftigen.

Ich will mich eigentlich nie mit mir beschäftigen.

Heute hat mir ein Typ wieder was geschenkt. Es war Unterwäsche. Nicht einmal ein String, sondern so ein bescheuertes Panty.

Hat mir nicht gefallen. Das habe ich ihm gesagt. Ich sagte: «Oh, Scheiße, was ist denn das? Du verlangst jetzt aber nicht, dass ich das anziehe, oder?» Dann habe ich gelacht. Er hat dann irgendwas gelabert von wegen, er habe gehofft, es gefalle mir.

«Hat es aber nicht!» Er stand ziemlich blöd rum und hat kein Wort mehr rausgebracht. Schwächling.

«Hast du wenigstens den Kassenzettel noch? Dann kann ich es umtauschen gegen was, das mir auch gefällt.» Natürlich nicht, hätte ich mir ja denken können. Männer denken [illegible] [illegible]z einfach nicht mit.

Was sollte dann das Geschenk? Dann doch lieber etwas mehr Kohle, damit ich mir was davon kaufen kann. Egal, ob Stoff oder sonst was. Aber dann habe ich es mir gekauft. Habe konsumiert! Endlich einmal nicht verbraucht werden, sondern verbrauchen! Deshalb macht Shoppen Spaß!

unhappy birthday

KAPITEL 7 – Der Brief

Es ist mein Geburtstag und mir geht es total beschissen. Mir fehlt etwas. Ich vermisse. Wen, das weiß ich nicht. Mein Geburtstag ist die Hölle.

Keiner mag mich und eine Familie habe ich auch nicht, die sich um mich sorgt. Wahrscheinlich werde ich auch nie eine haben. Ich habe es einfach nicht verdient, glücklich zu sein.

Scheiße, nicht einmal ich kann meine Schrift lesen. Aber es ist stockfinster und das einzige Licht, das ich habe, ist das Display meines Weckers. Und schreiben muss ich auf dem Boden, denn einen vernünftigen Tisch, auf dem man sich aufstützen kann, gibt es hier nicht.

Wenn ich mich bemühe, kann ich fast normal schreiben. Aber da muss ich das Handgelenk verdrehen, das tut höllisch weh! Obwohl ... Cool! Schmerzen ... mehr davon.

Ich habe schon so lange nicht mehr gefühlt.

Seit einer Ewigkeit bin ich nun schon clean.

Elf Tage.

Und schon jetzt versinkt alles um mich herum im Grau.

Ich kann essen.

Ganz kleine Portionen kann ich essen und ich muss nicht sofort wieder kotzen. Die bleiben drin in mir. Die Leute in der Klinik sagen, ich muss noch viel mehr essen.

Aber dann werde ich fett und hässlich. Das will ich nicht. Aber es geht nicht anders. Die zwingen mich zum Essen und bald werde ich ein kleiner, dummer, verpickelter, runder Haufen Fett sein, der durch die Botanik rollt.

Toll.

Die haben mein Parfum weggeschmissen. Das ist doch voll mies, oder? Der Duft hat mir oft geholfen, war für mich der Duft von Geborgenheit. Wenn ich mit Arbeiten fertig war, nach der Dusche, habe ich mich damit eingesprüht und alles war gut. Die Drogen taten ihre Wirkung und der Duft gerann zu Farbe in meinem Kopf. Das war ein kleiner Moment der Geborgenheit.

Und jetzt haben sie mir auch noch die letzte Erinnerung daran genommen!

Keine Ahnung, wie lange ich noch in diesem Entziehungsknast bleiben muss. Es ist total scheiße hier. Aber es war schon schlimmer ... viel schlimmer.

Mein Kumpel sagte mir: «Einmal Junkie, immer Junkie. Und das ist auch gut so, denn du kommst clean mit der Welt da draußen gar nicht mehr klar! Du willst doch diese Welt ganz weit weg von dir haben, um gar nichts zu fühlen, um gar nichts zu spüren, um nichts zu hören und zu sehen. Du willst das nicht fühlen, was die Welt dich fühlen lässt. Deshalb nimmst du doch die Drogen! Warum also aufhören?»

Jetzt geht es mir richtig scheiße deswegen. Ich werde bis ans Ende meiner Tage anschaffen gehen müssen, um meine Drogen bezahlen zu können. Total zum Kotzen, total eklig! Manchmal hilft das Ritzen ein wenig, aber es ändert nichts. Man kann nichts machen. Und außerdem habe ich ja schon mal bewiesen, dass ich in dieses Schema von «Einmal Junkie, immer Junkie» gut reinpasse.

Und ich traue mich mittlerweile nicht mehr, es zu versuchen ... Dabei wäre es recht einfach: Nur etwas tiefer schneiden, nur etwas mehr spritzen, nur etwas mehr nehmen. Aber irgendwie, ich weiß nicht. Vielleicht will ich doch nicht mehr sterben. Warum das so ist, kann ich beim besten Willen nicht sagen.

Eigentlich ist das voll bescheuert. Ich meine, wenn ich meine Situation nüchtern betrachte, dann spricht einfach alles dafür, meinem Leben endgültig ein Ende zu setzen.

Das «Du gehörst mir» auf meinem Arm ist fast verblasst. In dem Halbdunkel hier in der Klinik kann man es schon gar nicht mehr sehen.

Ich wusste mit einem Mal, dass ich aufhören wollte. Ich wollte runter von den Drogen. Weg von der ganzen Scheiße! Ich wollte ein Leben! Am liebsten hätte ich gesagt, ich will mein Leben zurück, aber das stimmt ja nicht, denn ich hatte nie ein Leben. Für so was muss ich mich ganz neu anstellen.

Aber hey, egal ob ihr es glaubt oder nicht, ich habe mich wirklich um einen Therapieplatz bemüht. Ich bin durch die ganze verfluchte Stadt gelatscht, um zu Gesprächsterminen zu gehen. Ich habe mein teuer erarbeitetes Geld in einem Internetcafé ausgegeben, um noch mehr Beratungsstellen rauszufinden – und dabei kann ich doch mit so was wie dem Internet nicht umgehen, das ist ja nicht meine Welt.

Und ich will es auch gar nicht können. Ich scheiße auf das verfickte Internet. Ich habe keinen Bock, wertvolle Zeit vor dem Computer eines Internetcafés zu verbringen, wo dich andauernd ein Penner anquatscht. Beim Internet geht es sowieso nur ums Einkaufen und Ficken, vor allem aber ums Ficken. Das brauche ich beides nicht im Internet. Das habe ich hier, in der Realität, zwischen meinen Schenkeln ... na ja, jetzt gerade nicht.

Vielleicht nicht mehr.
Vielleicht nie wieder.
Das wäre cool.
Richtig cool.

Also nicht nur so geil wie voll teure Unterwäsche, nein, so richtig geil! Nein, mehr! Das wäre wirklich ... gut.

Als ich dann endlich eine Zusage bekam, habe ich geheult. Ich habe Rotz und Wasser geheult. Vor Freude, vor Angst und vor Enttäuschung.

Als ich den Brief las, fragte ich mich, ob ich das wirklich machen sollte. Ich meine, dass ich danach wieder mit den Drogen anfange, ist doch wohl klar, oder? Ich komme aus der Klinik, gehe wieder in die Schule oder stelle mich einfach nur auf die Straße – nein, nicht der Strich, sondern einfach nur rausgehen vor die Tür – und schon sind die Drogen wieder überall um mich herum. Wie soll das bitte funktionieren?

Die ganze Scheißwelt ist voller Scheißdrogen. Ich habe immer Zigaretten in meiner Tasche. Dabei rauche ich nicht, das finde ich eklig. Aber sie sollen mich daran erinnern, dass auch die andere Welt voller Drogen ist. Ich nahm mein Crystal, als ich den Brief noch einmal las. Die letzten Worte wurden unscharf und dann verschwand alles um mich herum.

Ich war wieder drauf. Chemo. Ist schon witzig. Ich nehme eigentlich nur chemische Drogen, nichts, was einfach so wächst oder so, dabei bin ich in Chemie eine totale Niete. Sollte man nicht wissen, was man seinem Körper da gibt? Schon, aber das weiß doch niemand mehr, heutzutage. Egal ob Brötchen, Burger oder Kokain.

Irgendwann hatte ich Glück. Dabei glaube ich an so was gar nicht. Was ist schon Glück? Genug Stoff dabeizuhaben, damit du nichts spürst, wenn einer deinen Körper fickt? Geld nur fürs Lecken eines anderen Strichmädchens bekommen und nicht in den Arsch gefickt zu werden? Den nächsten Tag erleben?

GLÜCK IST EINE ILLUSION

Glück ist Scheiße. Irgendwann hat sich jemand hingesetzt und gesagt, der oder die hatte Glück. Und danach waren sie alle auf die eine Person mit dem Glück neidisch. Also, was ist Glück?

Aber trotzdem. Ich will das Wort jetzt mal gebrauchen, denn mir tut mein Arm weh vom Schreiben, und ich will nicht weiter drüber nachdenken.

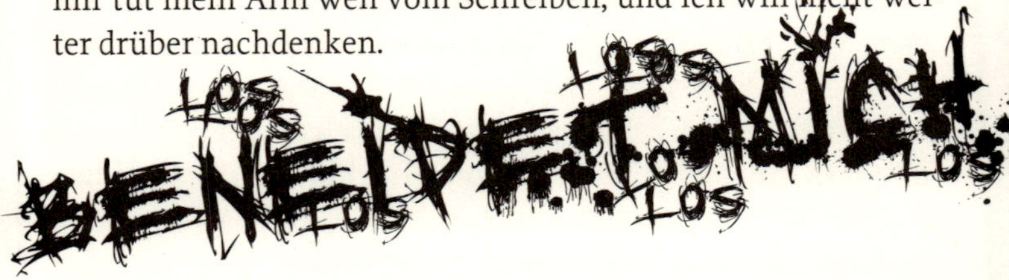

Ich hatte also Glück (los, beneidet mich!), denn schließlich habe ich den Therapieplatz bekommen. Ein Platz frei für mich! Ich muss da regelmäßig hin, Gespräche und Screening. Also quasi Gequassel und Kontrolle. Aber trotzdem, das ist meine Chance! Jetzt kann ich es schaffen, clean zu bleiben. Die klitzekleine Chance ist da.

Und ich will sie nutzen. Das ist mir irgendwie nicht mehr egal. Keine Ahnung, warum. Oder? Vielleicht ekelt mich das ewige Drogennehmen an. Vielleicht habe ich Angst, am Ende doch an den Drogen zu verrecken. Dass mir die Zähne ausfallen, dass ich richtig hässlich werde und ich irgendwo am Straßenstrich verrotte ... Ich wünschte, ich wüsste es.

Warum soll ich in einer Welt leben wollen, in der die Rosen nicht mehr duften? Wenn alles nur noch grau ist, Mittelmaß? Wenn alles so dumpf ist, so einerlei? Das sind die Gedanken, die mich quälen, seit ich clean bin. Das Leben ist so öde. Als hätte jemand alle Farben aus dem Leben gelassen und alles Grün, Blau, Rot, Gelb und so weiter durch das gleiche Grau ersetzt.

Wenn ich Therapeutin für Ex-Junkies wäre, ich würde meine Mädchen nicht alleine aufs Klo lassen. Da wird man schnell melancholisch, wenn man da ist, alleine und so. Außerdem denkt man sich, wenn man sich hier aufschneidet, dann haben die anderen nicht so viel Arbeit mit einem, denn es ist ja alles gefliest.

Sich im Bad fertigmachen, sagen wir immer dazu.

Also runter vom Klo und andere Gedanken suchen. Früher, da war es ein geregelter Tagesablauf. Drogen, ficken, Drogen, ficken ... da hatte ich immer irgendwie zu tun ... und ohne Drogen, da ist die Welt plötzlich so leer, da hat man Zeit. Da denkt man irgendwann nach. Da denkt man plötzlich über sich nach. Und ich will das nicht.

Ich will nicht über mich nachdenken. Ich denke schlecht von mir.

Ich habe gar nicht gemerkt, wie das mit dem Denken wieder anfing. Anfangs war der Kopf total gefickt. Wie so 'ne voll eklige Bukkake-Action, wo das Sperma alles verklebt, so war mein Kopf. Voll zu, voll durch, voll. Überall klebte das Zeug in meinem Kopf, doch dann kamen die ersten Gedanken durch ...

Nach meinem Entzug habe ich aus dem Fenster gesehen und mich gefragt, wo die Farben geblieben sind. Die Welt ist ohne Drogen total grau. Verwaschen. Unklar. Dreckig. Einfach eintönig und gähnend langweilig.

Ich bin clean. Wozu? Warum?

Es ist nicht nur eine Kriegsverletzung. Es ist die Folter, die das Leben ist, mein Leben.

Und das Schlimmste ist: Ich foltere mich selber, wenn es niemand anders tut. Ich bin perfekt für diese Welt. Ich wurde so gemacht.

wo kommt die LEERE her

Ich funktioniere so, wie man mich gemacht hat.

Ich erinnere mich an einen Typen, den hatte ich voll gerne. Er war high, ich war high. Alles war cool. Ich habe ihm immer die Nadel gesetzt, weil er es nicht fertigbrachte. Ich habe ihm die erste Nadel gesetzt.

Irgendwann haben wir uns gestritten und wir haben uns angeschrien. Richtig fies angegiftet. Wir waren beide schwer drauf und haben uns total blödes Zeug an den Kopf geworfen. Irgendwann hatte er keine Lust mehr. Er packte seine Sachen zusammen und wollte verschwinden.

«Warum willst du mir nicht wehtun?», habe ich ihn gefragt. Das ist mir so rausgerutscht. Aber das war es, was ich in diesem Moment gebraucht habe. Jemanden, der mich fertigmacht. Jemanden, der mir sagt, dass ich eine nutzlose, dumme Hure bin. Nichts wert. Das hätte gutgetan.

Wir haben uns auch gegenseitig gedroht, mehr Drogen zu nehmen. Einfach noch eine Tablette, noch einen Schuss ... Keiner von uns wollte sagen: «Ich bringe mich um! Für dich. Wegen dir!», aber das war es.

Ich tue mich schwer damit zu begreifen, dass ich das wirklich mal war. Dass ich solche Gefühle hatte, dass ich überhaupt Gefühle hatte. Scheißgefühle, wo seid ihr?

Jetzt bleibt mir nur das Ritzen!

Das Kratzen.

Wieder eine Sucht.

[illegible] Niemanden interessiert es ernsthaft, dass in einer kaputten Welt nur kaputte Menschen überleben.

Ich kann wirklich nicht verstehen, wie Menschen glücklich sein können. Außer vielleicht, dass sie schon so kaputt sind, dass sie wieder perfekt in diese Welt passen.

Ich passe nicht. Und doch bin ich kaputt.

GELD ODER LEBEN

Mein Leben ist wie ein graues Feuer. Nur mein Feuer verbrennt nicht Liebe und Gefühl, sondern Geld. Gib mir Geld, gib mir mehr, denn das ist es, was zählt. Das und nichts mehr!

Du musst nur rausschauen aus dem Fenster. Schau dir das Leben an: Seelischer Kapitalismus. Du musst investieren, um etwas zu erreichen. Und so ficke ich mit denen, die mir versprechen, dass sie mich bezahlen. Das ist eine ganz einfache Rechnung, oder nicht?

Ich glaube, nein, ich weiß, dass ich auch ohne Drogen anschaffen gehen werde. Was bin ich ohne Geld? Alles in der Welt kostet Geld. Und mit genug Geld kann man sich jeden Wunsch erfüllen.

Ich will haben. Ich will Klamotten, Schminke und Taschen. Ich will schön sein! Wunderschön.

In der Klinik war es voll dumm. Ich durfte hier keine Piercings tragen, nicht einmal Ohrringe! Und auch normaler Schmuck war verboten. Schminken konnte man komplett vergessen! Seit meinem neunten Lebensjahr schminke ich mich ... täglich! Das ist mein Gesicht. Ungeschminkt, was bin ich da schon?

Ich fühle mich total nackt, ausgeliefert.

Die Zeit hier drin steht still.

Jeder Tag gleicht dem vorangegangenen. Und das Dasein hier drin ist es nicht wert, Leben genannt zu werden. Es ist die Hölle.

Aber selbst die Hölle hat ihre guten Seiten. Nach mehr als fünf Jahren bin ich wieder runtergekommen. Bin gelandet.

Auf der Station sind wir elf. Ich, siebzehn, die Jüngste. Der Nächstältere: siebenundzwanzig! In meinem Alter sitzt man in der Regel in der Station für Essstörungen, vielleicht noch bei den Drogenkonsumenten, nicht aber bei den Abhängigen, wo es darum geht, den schmerzhaften Entzug zu überleben ... in der Intensivgruppe.

SELBSTMORD, AHOI

Meine Gruppe.

Wir sind selbstmordgefährdet.

Lachhaft! Als wäre es Selbstmord, den letzten Funken in mir auszukotzen.

Wieder klar zu sein, habe ich mir anders vorgestellt. Besser. Mein Kopf ist ziemlich gefickt.

Alles ist weg.

Erinnerungen sind gar nicht mehr greifbar. Alles ist weg, mein Leben ist weg.

Bis gestern waren die Schmerzen unerträglich. Ans Tagebuch war nicht zu denken. Es kam mir vor, als sei es schlimmer als beim ersten Mal.

Ich hatte Angst.

Ständig habe ich an meinen Ticker, den Typen, der mir Kunden und Drogen besorgt hat, gedacht, habe gezittert und war in Panik. Er weiß nicht, was ich hier mache. Er weiß auch nicht, dass ich gegen ihn aussagen werde.

Ihm geht es wie mir. Er weiß nichts.

Wieder spürte ich messerscharfe Restkristalle, die durch meine Blutbahn schossen. Jeder Pulsschlag trieb sie weiter durch meinen Körper und bald nach draußen! Es fühlte sich an, als schabten sie mir die Muskeln von meinen Knochen, und ich hatte wahnsinnige Angst, dass ich mich nie wieder bewegen könnte. Immer wieder wurde mir unerträglich heiß. Als verglühte ich von innen heraus. Zwischenzeitlich konnte ich nicht sprechen. Ich wusste nicht mehr wie.

So tat ich die letzten Tage gar nichts, außer zusammengekauert in der Ecke den Panikfilter meines Lebens zu schieben.

crystal suicide

Neben den Schmerztabletten bekam ich Uppers, damit ich nicht umfalle. Scheißcrystal, aber du schläfst bei dem Zeug eigentlich nicht mehr, nur noch wenig und nicht besonders tief. Und wenn man runterkommt, schläft man so tief und fest, dass man manchmal nicht mehr aufwacht. Trotz der Aufputschmittel habe ich fast dreißig Stunden gepennt.

Danach hatte ich einen Fressflash. Ich habe alles, was halbwegs essbar war, in mich hineingestopft. Als gäbe es kein Morgen. Wenn die mich irgendwann mal hier rauslassen, werde ich bestimmt wie ein Rollmops aussehen.

Mit fünfunddreißig Kilo rein und mit fünfundvierzig Kilo noch nicht wieder draußen!

Aber erst müssen meine Wunden verheilen. Als die Schmerzen schlimm waren, habe ich mir mit den Fingernägeln die Arme aufgekratzt.

Mit den Scherben einer kaputten Glasflasche habe ich versucht, mir die Beine abzuschneiden. Keine Ahnung warum. Aber das muss erst einigermaßen verheilen, bevor die mich rauslassen.

Mein Freund Heiko, also jetzt wohl eher mein Ex-Freund, wird mich wohl vermissen. Er kann selber nicht fixen. Ich musste ihm immer die Nadel setzen. Aber das kann ich jetzt nicht mehr tun.

Jetzt hat er keinen, der ihm hilft.

Junkies helfen sich nicht. Junkies linken sich nur, wenn die Möglichkeit besteht, daraus einen kleinen Vorteil zu ziehen.

Mein Kopf fühlt sich an wie Matsch. Immer wenn ich etwas sage, benutze ich die gleichen Wörter. Ich will sagen, dass ich aufs Klo muss, aber es kommt nur immer ein einziges Wort über meine Lippen. Na ja, eigentlich drei.

Ich benehme mich wie ein bescheuertes Kleinkind.

Hallo Wahnsinn!

Ohne Drogen kann ich mich nicht ausstehen. Ich kann verstehen, wenn mich die Leute nicht mehr mögen, jetzt, wo ich keine Drogen mehr nehme. Ist schon okay. Aber ich denke eh nicht, dass ich besonders lange durchhalte.

Ich bin ein trauriges Mädchen. Tieftraurig. Ich bin keine Schönheit. Wenn ich das Geld hätte, würde ich meine Nase ändern, die mein Vater mir gebrochen hat, meine Augen sollen asiatischer werden, meine Ohren anliegender, Fett absaugen, Brüste größer, längere Beine – ich will einfach schön sein.

Jemand anderes, das wäre am besten.

Und ich will mal Kinder haben, mindestens drei, vielleicht auch fünf oder sieben. Ich will eine gute Mutter sein, und dann bekomme ich Angst, ich könnte es nicht schaffen ... ich könnte sie zu sehr ~~[illegible]~~ festhalten und ihnen keinen Freiraum lassen. Oder ich könnte sie behandeln, wie meine Mutter mich behandelte ...

Und überhaupt, wer könnte mich schon lieben? Und mit einem Mann leben? Ich weiß nicht.

Ich nehme zwar keine Drogen mehr, aber ich gehe immer noch anschaffen. Man muss ja irgendwie etwas Geld verdienen. Ich habe mir zwar schon einmal überlegt, ob ich nicht neben der Schule jobben sollte, aber das könnte ich nicht.

Allein schon das Bewerbungsgespräch, das wäre unmöglich für mich. Ich könnte nicht still sitzen und irgendjemandem erzählen, wie toll ich bin. Ich bin nicht toll.

Also wieder das alte Spiel. Nur dieses Mal ohne Drogen.

Was Wahnsinn ist.

Aber lieber Wahnsinn als Drogen.

Ich tue mir weh. Ich habe mir wehtun müssen. Ich ritze tief, oft und viel. Meine Arme, meine Beine, überall, wo Platz ist.

ich habe berufserfahrung

Ein paar Leute aus der alten Zeit, als die Welt noch Farben hatte, treffe ich ab und zu. Aber keine Junkies! Die Rückfallgefahr ist viel zu groß. Einer der Typen, den ich mal auf einer Fete kennen gelernt habe, will was von mir. Der sagt immer wieder, wie verliebt er in mich sei.

So ein Quatsch.

«Frag mich nicht immer, ob ich dich noch mag! Sonst überlege ich mir, ob ich nicht einfach ‚Nein' sage!», habe ich ihm geantwortet, als er mal wieder gefragt hat.

Ich gehe ja jetzt nicht mehr jeden Tag anschaffen. Das kann ich nicht. Das kann ich nicht mehr. Nicht mehr so wie früher. Wenn ich das mache, dann brauche ich eine Pause. Ich meine, bei der ganzen Scheiße, die ich machen muss – jeden Tag oder jeden zweiten Tag geht gar nicht. Wenn ich wirklich gut bin, dann vielleicht einmal die Woche. Vielleicht kann ich ja irgendwann ganz damit aufhören?

Klar, ich habe es mir selber ausgesucht. Aber trotzdem, mehr geht nicht, wenn ich clean bleiben will.

Und wenn die Freier das mitkriegen, dass ich clean bin, gratulieren mir die meisten auch. Als wäre es deren Großzügigkeit, die mich von den Drogen runterkommen ließ. Als wäre es deren Geld gewesen, das die Entscheidung leichter gemacht hätte.

Dabei hasse ich es, wenn man mir sagt, wie toll es ist, dass ich clean bin.

Das finde ich kacke!

Dann denke ich immer, hey, so toll bin ich gar nicht, soll ich es dir beweisen? Und dann habe ich übelst Lust, wieder Drogen zu nehmen, um zu zeigen, dass ich ein Niemand bin!

Glück gehabt?

schade

Ändere mich

Ich bin wirklich saufroh, dass ich nicht mehr abhängig bin, ehrlich. Aber ob ich das als Glück bezeichnen würde, ich weiß nicht. Mir geht es körperlich besser, psychisch besser, allgemein besser. Jetzt, wo ich clean bin ...

Mir ging es schon scheiße, als ich Junkie war, aber das merkt man meistens nicht. Das merkt man nur, wenn man Probleme hat, zum Beispiel seine Drogen nicht bekommt oder schlechtes Zeug genommen hat.

Ich weiß nicht, ob das Glück ist, dass ich wieder clean bin. Glück ist doch, wenn man im Lotto gewinnt oder wenn Leute nicht krank werden.

Ich wäre schon mal übelst glücklich, wenn ich viel Geld verdienen würde. Ich könnte jeden Tag einkaufen gehen. Wenn ich so aussehen würde, dass ich mir gefalle, das wäre schön.

Schönere Nase, weißere Zähne, überhaupt andere Zähne, eine asiatischere Augenform, reinere Haut, überhaupt straffere Haut, längere Beine, kleinere Füße, längere Finger, anliegendere Ohren und so.

Dann wäre ich schon einmal glücklicher. Das habe ich schon einmal geschrieben, irgendwo da vorne. Du kannst ja nachgucken, wenn du mir nicht glaubst.

Aber Glück? Ich glaube, das mache ich eher an materiellen Dingen fest. Ich bin niemand, der sagt: «Ich bin glücklich, weil mir nichts Schlimmes widerfahren ist ...» Es gibt ja Leute, die sind glücklich, weil die Sonne scheint ... Wegen welchem Pipifax die Leute glücklich sind, also wirklich! Da fragt man sich doch ernsthaft, ob die sonst keine Probleme haben. Ich meine, es ist doch scheißegal, ob die Sonne scheint oder ob es regnet.

Okay, das Geschäft läuft schlechter, wenn es regnet, aber da bin ich nicht glücklicher oder unglücklicher. Das ist halt so.

Und natürlich ist es beschissen, wenn du zwei Stunden bei strömendem Regen durch die Stadt rennst, weil du deinen Ticker suchst, der dir Drogen gibt. Aber trotzdem. Das war dann einfach eine Unumgänglichkeit.

Ich meine, ich schau doch nicht morgens aus dem Fenster und denke mir: Oh, heute scheint die Sonne, da kann ich doch mein neues Sommerkleid tragen und nachher in der Stadt einen Kaffee trinken gehen. Mich irgendwo auf eine Terrasse setzen und die Sonne genießen ... so ist das einfach nicht.

Auf Drogen ist das alles so gleichgültig, gleichförmig. Es ändert sich nicht und es ist immer gleich. Das ist das Leben. Dabei sind die extremen Hochs und die extremen Tiefs das, was am Schluss das Gleichförmige ausmacht. Clean zu sein ist auch eintönig, aber ohne die Hochs dazwischen. Scheiße, das klingt, als wollte ich rückfällig werden.

Stimmt aber nicht.

Große Städte verlieren ihre Kinder. Kinder, die Drogen nehmen. Kinder, die sich für Männer an die Straße stellen. Ich bin vier mal vierzig Euro pro Tag wert ... gewesen.

Und ich weiß bis heute nicht warum. Oder warum nicht.

Ich weiß nur: Wer Schuld hat an dem ganzen Scheiß, der sollte sich schämen.

Ich bin clean.
Wenn ich mich anstrenge, kann ich mir Sachen wieder merken.
Brauche mein Tagebuch nicht mehr.

Schreibe jetzt was anderes.
Einkaufszettel.
Schularbeiten.
Bewerbungen.

Aber trotzdem, die Straße bleibt ein Teil von mir, und ohne Drogen, da ficken die jedes Mal meine Seele. Danach brauche ich ein paar Tage Pause.
Vielleicht bald nicht mehr.
Vielleicht bin ich dann auch daran gewöhnt, clean gefickt zu werden wie so viele auf der Welt.
In meiner Stadt.
Ich bin nicht tot.

Aber was bin ich dann?

Nachwort

von Andreas Köglowitz und Andreas Reichardt

Wir lernten Natascha vor einigen Jahren kennen und waren tief berührt von ihrer Geschichte. Ihre Erzählungen und Tagebuchaufzeichnungen hatten etwas Erschütterndes und waren gleichzeitig auf eine eindringliche Weise poetisch. Auch wenn uns stets bewusst war, dass dies nicht nur ein weiteres Buch sein würde, keine Fiktion, sondern ihr Leben, entschieden wir uns für die Veröffentlichung unter der Rubrik «Anti-Pop».

Im Vergleich zu vielen anderen Drogenbiografien hat diese literarisches Niveau. Und das Bewusstsein, keinen fiktionalen Text zu lesen, verleiht Nataschas Tagebuch eine unerreichte, wenngleich schmerzhafte, Intensität.

Das Gefühl beim Lesen der Rohfassung des Buches konnte man im besten Fall als ambivalent bezeichnen.

Das Tagebuch ist ungeschönt und nur in Teilen – zum Beispiel bei der Chronologie der Ereignisse – bearbeitet, um die Lesbarkeit zu gewährleisten.

Natascha wird immer wieder sehr konkret, nennt Dinge beim Namen, die für manche vielleicht undenkbar sind.

Aber gerade durch das Benennen und Niederschreiben ist hier ein (Armuts-)Zeugnis unserer Gesellschaft entstanden, das seinesgleichen sucht.

Uns ist klar, dass dieser Text, besonders in Verbindung mit Thomas van de Schecks provozierender Umschlagfotografie, mehr als nur polarisieren wird.

Aber wir wollen zeigen, was in unserer Gesellschaft passiert und welchen Schaden unsere Art zu leben anrichtet. Wir wollen kein Mitleid erregen, Mitleid ist nichts wert. Es reicht nicht, einfach den Finger heben und auf den Täter zeigen, um uns dann umzudrehen und das Opfer zu bedauern, so einfach ist das nicht! Diese vereinfachende Schwarzweißmalerei ist ein Trugschluss, dem die Gesellschaft schon viel zu lange aufsitzt.

Traurige Tatsache ist, dass es viele Mädchen wie Natascha gibt. Und diese Mädchen, die tagtäglich an der Straße stehen, um das Einzige, was ihnen geblieben ist, auf der Straße feilzubieten, diese Mädchen bedienen eine Nachfrage, die aus der Mitte unserer Gesellschaft wächst und keinesfalls von zwielichtigen Gestalten am Rande!

Niemand entscheidet sich im Kindesalter freiwillig für Drogen oder Prostitution.

Warum diese Nachfrage nach jungen Prostituierten besteht, können wir in dieser Kürze nicht beantworten. Dieses Thema würde wohl Bände füllen, wenn es dazu vernünftige Untersuchungen gäbe. Außer den oft hysterischen, pseudowissenschaftlichen Veröffentlichungen nicht selten fragwürdiger Wissenschafter gibt es zu dem Thema eigentlich keine Literatur, die sich sachlich mit diesem Feld auseinandersetzt. Scheinbar wollen wir nicht wissen, worin der Grund für die Nachfrage nach (zu) jungen Prostituierten besteht.

So wollen wir diese Tagebuchaufzeichnungen auch deshalb veröffentlichen, weil wir uns die Diskussion wünschen. Vielleicht kommt die Gesellschaft gemeinsam der Lösung dieses Problems einen Schritt näher.

Wir als Verleger stehen hinter der Veröffentlichung dieses Textes und sind auch gerne bereit, unseren Teil zur Diskussion beizutragen.

Wir wünschen Natascha von ganzem Herzen alles Gute!

Und allen, denen das Buch in irgendeiner Weise hilft: Gern geschehen.

Andreas Köglowitz   Andreas Reichardt

Nachwort zur 3. Auflage

von Andreas Köglowitz und Andreas Reichardt

Normalerweise erreichen uns Manuskripte als geordnete Leseprobe mit Exposé, übersichtlich und handlich mit einem Anschreiben, das erklärt, warum ausgerechnet unser Verlag ideal wäre, diesen Stoff umzusetzen. Bei Natascha war das anders.

Ihr Originaltagebuch war eine wüste ungeordnete Kritzelei auf Blöcken, in Heften, auf kleinen Zetteln, Servietten und Zeitungsschnipseln. Manchmal stand unter einem Datum – wenn es denn eines gab – lediglich ein einziger Satz, manchmal war dieser Satz mehrfach durchgestrichen, übermalt, neu geschrieben und verändert. Dann wieder gibt es Daten ohne einen Eintrag und lange Einträge ohne Datum.

Natascha selbst führt dies auf ihre unterschiedlichen Zustände zurück. Etwas, was den Tag oder die Woche perfekt zu beschreiben schien, wenn sie noch im Rausch war, wurde ganz und gar unpassend, ließ die Wirkung nach.

Um dies auch nur im Geringsten nachvollziehbar zu machen haben wir uns die vorliegende Layoutvariante ausgedacht. Natürlich haben wir letztendlich der Lesbarkeit den Vorzug gegeben, aber nichtsdestotrotz glaube ich, dass man so besser verstehen kann, wie es in Natascha aussah, als sie ihr Tagebuch schrieb.

Mit diesen Kritzeleien möchten wir ihr Leben und ihr Schicksal ein Stück weit lebendig werden lassen und ihrer Zerrissenheit Ausdruck verleihen, möchten wir zeigen, dass es das Leben abseits von Ordnung und Familie mitten unter uns gibt.

Auch das ursprüngliche Umschlagfoto war weit davon entfernt, eine geschickte Masche zu sein. Es wurde zusammen mit der Autorin ausgewählt und von Thomas van de Scheck umgesetzt. Natascha war am Kreativprozess die ganze Zeit beteiligt.

Wir möchten das an dieser Stelle anmerken, weil viele das Cover für geschmacklos halten. Wir sind der Meinung: Das Bild war keineswegs geschmacklos – es war provokant, führt es uns doch deutlich vor Augen, was die Gesellschaft zerstört, wenn sie Geschichten wie die Nataschas weiterhin zulässt.

Trotzdem haben wir uns dazu entschlossen, das Umschlagfoto für die nun vorliegende dritte Auflage zu ändern. Wir hielten den Zeitpunkt für angemessen. Die hilflose, ungerichtete Wut auf die Umstände ,unter denen Natascha gekämpft hat – gegen die Täter, gegen zu wenig Therapieplätze, gegen so vieles und so Diffuses – ist der Erkenntnis gewichen, dass man selbst zielgerichtet im Kleinen etwas ändern und bewegen kann. Aber will man von jetzt auf gleich das Große verändern, verraucht alle Aktion, alles Potential vergeblich.

Vielleicht war das erste Umschlagfoto auch Ausdruck unserer Entrüstung über das Thema, der Wunsch, der Gesellschaft das Bild eines kleinen Mädchens vorzuhalten, und die Reaktionen zu beobachten. Wer würde sich aufgeilen? Wer würde sich darüber aufregen, wer würde es hinnehmen, weil er schon zu viel gesehen hat? Die Reaktionen entsprachen den teils erwarteten Klischees: Die Mütter regten sich auf, die Jugendlichen waren vom Thema und der Aufmachung fasziniert («... kommt lange nicht so verstaubt rüber wie Christiane F.») und viele Männer waren peinlich berührt, fühlten sich ertappt. Einige wenige ga-

Seelenficker
natascha
seelenficker
U|Books

ben sogar offen zu, das Buch erregend zu finden. Mit solch einer Offenheit hatten wir nicht gerechnet, aber dieses Buch schien für viele nicht nur eine Leidensgeschichte, sondern etwas gänzlich anderes zu sein. Wir waren schockiert und verwirrt, vor allem, weil viele Händler die Auffassung teilten, «Seelenficker» sei erotische Unterhaltung.

So wurde das Buch leider immer wieder in Bereichen präsentiert, wo es absolut nichts zu suchen hat, nämlich bei Liebesromanen und erotischer Literatur.

Trotz mehrfacher Hinweise, besonders sei hier der Internetbuchhändler Amazon erwähnt, wurde das Buch nicht aus diesen Rubriken entfernt. Wir halten diese Kategorisierung für verwerflich und falsch, suggeriert sie doch, dass das Schicksal eines Kindes auf dem Straßenstrich erregende Lektüre sei!

Als wir uns Gedanken über ein neues Vorwort machten, erreichte uns die Meldung, dass Christiane F., ja, die Christiane F., die vor nunmehr 30 Jahren Wir Kinder vom Bahnhof Zoo geschrieben hatte, einen erneuten Rückfall in die Drogensucht hatte und deshalb das Sorgerecht für ihren 11-jährigen Sohn verloren hatte.

Christiane F. war immer sehr pressefreundlich und hat auch in den Jahren nach Erscheinen des Buches immer wieder Schlagzeilen und damit Auflage gebracht. Ob es ihrem Leben genutzt hat, dieses wiederholte Aufleuchten am Firmament des Boulevard, sei dahingestellt. Wir glauben, dass dieses Leben sie zumindest nicht vor Rückfällen bewahrt hat, und da besonders das Elend immer wieder für Auflage sorgt, war die Presse natürlich immer zur Stelle, wenn es mit Christiane wieder bergab ging.

Heutzutage würde man sie wohl vom Frühstücksfernsehen über die Mittagsmagazine bis zu den abendlichen Boulevardsendungen durchreichen, ihr wäre die ultimative öffentliche Aufmerksamkeit gewiss. Der Voyeurismus der Gesellschaft will mit diesen Schicksalen befriedigt werden. Woher wir das wissen? Weil Natascha kurz nach Erscheinen ihres Buches ebensolche Angebote ins Haus geflattert sind.

Doch sie wollte das nicht. Sie wehrte sich vehement dagegen, und wir mussten ihr versprechen, sie nach Kräften dabei zu unterstützen, sie aus den Medien und der Öffentlichkeit rauszuhalten.

So sagten wir die Interview-Anfragen, die Angebote, einen Beitrag über Seelenficker zu drehen, ab und ernteten Spott und Hohn, kaum einer zeigte Verständnis. Uns wurde gesagt, dass wir hier Geld verlören, oder man müsse «die Story ausschlachten, bevor die Kleine ganz kaputt sei».

Als wir darauf hinwiesen, dass Natascha in Therapie sei und nach wie vor sehr labil, hieß es einmal am anderen Ende der Leitung: «Das ist doch gut! Tränen bringen Quote.»

Natascha hat am eigenen Leib erfahren, dass es vor allem an Therapieplätzen mangelt, an Fürsorge im wahrsten Sinne des Wortes. Während also Täter lebenslang im Gefängnis oder im Heim psychologisch betreut werden und die Gesellschaft vor ihnen geschützt werden soll, lässt man die Opfer alleine, schlimmer noch, man überlässt sie der Presse!

Und da es manches Mal so ist, dass tatsächlich nur die Presse für die Opfer da ist, sollte man sich überlegen, ob man in Deutschland und andernorts vielleicht etwas von der täterfixierten Hysterie abrücken und hin zu einer sachlichen Argumentation über eine bestmögliche Betreuung der Opfer kommen sollte.

Und was am meisten nützen würde: eine sorgfältige Prävention, Ausstiegsprogramme für junge Prostituierte und eine Gesellschaft, die nicht andauernd anzweifelt, dass Geschichten, wie Natascha sie schildert, hier in Deutschland täglich passieren.

Natascha ist seit einigen Jahren clean, sie geht ihrem Beruf nach und ist zufrieden, soweit man das sagen kann. Der Suchtdruck kommt immer wieder, und jedes Mal muss diese junge Frau stark genug sein, sich ihm zu widersetzen. Und niemand ist in der Lage, ihr bei diesem Kampf beizustehen.

Sie bezahlt jeden Tag für ihre Vergangenheit, bezahlt für Fehler (wenn dieser Ausdruck reichen sollte), die andere begangen haben, sie bleibt Opfer ein Leben lang.

In knapp 16 Monaten verkaufte sich Seelenficker 20 000 Mal, das Hörbuch erschien 2008, und es wurden bereits die ersten Lizenzen ins Ausland verkauft. Schulklassen lasen das Buch gemeinsam und beschäftigten sich fächerübergreifend mit den im Buch angeschnittenen Themen, wie z. B. Drogen, Ausreißen, Borderline und selbstverletzendes Verhalten und auch mit Prostitution sowie dem Frauenbild der heutigen Zeit.

Die Lehrer gaben hier meist skeptisch dem Wunsch der Schüler nach dieser Lektüre nach, aber am Ende waren sie überzeugt, richtig gehandelt zu haben: «Selten arbeitete die Klasse so eifrig mit und brachte sich ein. Man merkte, dass das Thema sie sehr berührte.»

Es ist erstaunlich, wie viel man zu einem Thema sagen kann, bei dem jedes gesagte Wort zu viel und gleichzeitig viel zu wenig ist. Wo kein Wort die begangenen Greuel umschreiben, ja treffend benennen kann.

Missbrauch? Bedeutet es nicht eigentlich ‹falsch gebrauchen›? Ist das nicht abgrundtief zynisch? Kann man Kinder, kann man überhaupt jemanden ‹richtig gebrauchen›?

In vielen Gesprächen mit Experten, mit Laien, einfach mit Lesern des Buchs oder mit Menschen, die sich mit dieser Thematik auseinandersetzen, stellen wir immer wieder fest: Hier versagt die Sprache, hier kann man nicht in Worte fassen, was man eigentlich sagen möchte. Und trotzdem darf man nicht schweigen, darf nicht wegsehen, sondern sollte helfen.

Und wenn Worte nicht reichen, vielleicht ist es an der Zeit zu handeln.

Andreas Köglowitz

Andreas Reichardt

Nachwort zur 10. Auflage

von Andreas Reichardt

Zehn Jahre ist es her. Im September 2007 erschien dieses Buch und es ist bis dato das erfolgreichste Buch des Verlags.
Wenige ausgewählte Bücher mit einer ähnlichen Thematik haben wir inzwischen veröffentlicht. Und jedes Buch ist wichtig und trägt hoffentlich dazu bei, die Situation der Mädchen und Frauen zu verbessern.
Das war auch die Hoffnung, als das Buch erstmals erschien. Möge dieser Aufschrei doch das Leben der Autorin wie auch das Leben anderer verbessern. Opfern eine Stimme geben, ein «Ihr seid nicht allein!» hinüberrufen und vielleicht einen Funken Hoffnung.

Doch jüngste Ereignisse als demotivierend zu umschreiben, trifft die Sache nicht einmal annähernd. #Metoo ist ein schrecklicher Beweis dafür, dass Frauen immer noch wie Ware herumgereicht werden, dass sexuelle Anzüglichkeiten noch immer an der Tagesordnung sind, dass Übergriffigkeiten und leider auch Vergewaltigungen noch immer weit häufiger geschehen, als wir uns eingestehen wollen.

Es ist nicht nur traurig, es ist beschämend und buchstäblich zum Kotzen, wie mit Menschen umgegangen wird.
Die Wut kehrt zurück, mit aller Macht und ein Aufschrei soll durch diese Welt fahren und jedem Täter bewusst machen, welch großen Schaden er anrichtet!

Der Kontakt zur Autorin ist leider eingeschlafen. Gerne hätten wir gewusst, wie es ihr geht, ob sich ihre Träume erfüllt haben.

Ob sie tatsächlich den Ausweg gefunden hat, den Weg raus aus diesem alten Leben. Es gibt nichts, das wir uns und ihr mehr wünschen.

> ***Liebe Natascha,***
> ***genieße Dein Leben und jeden einzelnen Tag, bleib stark und finde die Liebe in Dir und in anderen Menschen, denn – auch wenn das jetzt kitschig klingt – Liebe ist eine große Macht.***

In aufrichtiger Dankbarkeit der Autorin,
in verzehrender Wut den #Metoo-Tätern,
in beschämender Trauer und Fassungslosigkeit den #Metoo-Opfern gegenüber,

Andreas Reichardt

REZENSIONEN

- «Schonungslos. Die psychologische Tiefe ist anspruchsvoll und nachvollziehbar.»
  Allgemeine Zeitung Coesfeld
- «Herzmassaker ist kompromissloser als ein überwältigender Teil der jungen Gegenwartsliteratur.» *Orkus*
- «Ein Pageturner. Macht Lust auf weitere Bücher der Autorin.» literatopia.de
- «Ina Brinkmann schafft es zu fesseln. Es ist das Schlachtfeld zwischen Herz und Verstand, welches sich beim Lesen bemerkbar macht.»
  the-spine.de

HERZMASSAKER

INA BRINKMANN

Gelangweilt warf ich das sterbende Ding in die Büsche, lehnte mich zurück und wartete – auf den Regen, der nicht kam.
Patrick Fechner bekommt Hausverbot im städtischen Schwimmbad und will dafür Rache nehmen. Ob Rasierklingen in Wasserrutschbahnen versteckt wirklich das ultimative Blutband anrichten würden?
Aber die Welt ist für die Lebenden gedacht. Tote tun nichts. Das ist ein Problem. Denn wer sich nicht bewegt, über den gibt es nichts zu sagen.
Patrick ist clever, gerissen und scheut auch vor großen Aufgaben nicht zurück. Zum Beispiel wenn es darum geht, es dem Mädchen heimzuzahlen, das eigentlich ihm gehört ...
In mir ist alles ruhig. Das Wunderland schweigt. Ich freue mich auf das Fegefeuer

HERZMASSAKER
INA BRINKMANN

Taschenbuch
12 x 18 cm, 240 Seiten
ISBN: 978-3-939239-10-9
9,95 Euro (D + A)

SCHNEEWITTCHEN & DIE KUNST DES TÖTENS

LUCI VAN ORG

«Wer Frau Hölle mochte, wird diesen Roman lieben [...] Liebe Luci, mach unbedingt weiter so!» *Orkus*

SM-Schneewittchen, sieben tapfere LARP-Zwerge und vierzig Morde

Es war einmal ein Mädchen mit Haut, so weiß, wie Schnee, Lippen, so rot wie Blut, Haaren, schwarz wie Ebenholz
... und einer ausgeprägten Vorliebe für BDSM.

Und da gab es einen Jäger ... der dieses Mädchen über alles liebte
... zum Glück ebenfalls mit einer ausgeprägten Vorliebe für BDSM und reichlich Erfahrung
... zumindest theoretisch, erworben am heimischen PC

Außerdem waren da eine Königin, ein Serienkiller, der obligatorische Glassarg und jede Menge Phobien in einem Berliner Souterrain...

Und es war einmal eine Autorin namens Luci van Org, die daraus eine Geschichte machte. Ganz oft zum Lachen. Und manchmal auch zum Weinen.

Etwaige Ähnlichkeiten oder Übereinstimmungen mit gewissen anderen, lebenden oder toten Personen aus einer gewissen anderen Geschichte waren dabei selbstverständlich nicht beabsichtigt und wären rein zufällig

Taschenbuch 12 x 18 cm, 144 Seiten, ISBN: 978-3-944154-32-9, 9,95 Euro

MIT PAPA WARS NUR BLÜMCHENSEX

Nele kann sich gar nicht daran erinnern, wann er damit begonnen hatte, sie zu missbrauchen. Sie kennt es nicht anders und alle sehen weg. Doch irgendwann bricht sie ihr Schweigen und zerstört damit das Zerrbild der glücklichen Familie.

Doch das Martyrium zuhause war nichts im Vergleich zu dem, was noch auf sie wartete ...

In dem Moment – das gebe ich zu – verstand ich all die, die sich verletzen wollen oder müssen. Wenn man sich fühlt, als würde man der Wirklichkeit von einem leeren Hotelzimmer aus zusehen, wie es passiert und niemand hört dich, niemand nimmt dich wahr und alles was du tust, hat ohnehin keine Bedeutung, da wird man wahnsinnig. Und da ist Schmerz – und Blut ist ja ein Zeichen von Schmerz – zumindest eine dankbare Zuflucht. Ein im tiefsten Sinne vergeblicher Versuch, die Kontrolle zurückzuerlangen. Doch anstatt näher ans Leben, an die Welt, gelangt man nur tiefer in und an sich selbst.

Ein bewegendes Schicksal, welches zeigt, dass die Abgründe in der eigenen Familie manchmal nicht das schlimmste sind ...

Monatelang auf Platz 1 der Amazon Bestsellerlisten!

Taschenbuch 12 x 18 cm, 160 Seiten
Print-ISBN: 978-3-944154-26-8: 9,95 Euro
Ebook-ISBN: 978-3-944154-27-5: 4,99 Euro

Nele wandte sich an U-Line, weil sie Nataschas ***Seelenficker*** gelesen hatte und den Drang verspürte, ihre Geschichte zu erzählen. U-Line hat ihr zusammen mit der Journalistin Manuela Ausserhofer diesen Wunsch erfüllt und die unerhörte Geschichte für die Nachwelt festgehalten.